D
G
C
K
C
B

Das Grosse César Keiser Cabaret Buch

101 Texte aus 40 Cabaret-Jahren
Mit einem Vorwort von Franz Hohler

Verlag Huber
Frauenfeld Stuttgart Wien

Wir danken für die freundliche Förderung
des Buchprojektes durch die Vontobel-Stiftung,
die Stadt Zug, den Kanton Zug
und den Lotteriefonds Basel-Stadt

Bibliografische Information der Deutschen Bibliothek:
Die Deutsche Bibliothek verzeichnet diese Publikation in der
Deutschen Nationalbibliografie; detaillierte bibliografische Daten
sind im Internet über http://dnb.ddb.de abrufbar.
ISBN 3-7193-1400-6

© Copyright 2005 by Huber & Co. AG, CH-8501 Frauenfeld
Das Werk einschliesslich aller seiner Teile ist urheberrechtlich geschützt.
Jede Verwertung ohne Zustimmung des Verlags ist unzulässig.
Dies gilt insbesondere für Vervielfältigungen, Übersetzungen,
Mikroverfilmungen und die Einspeicherung in elektronische Systeme.

Gestaltung und Satz: Atelier Mühlberg, Basel
Umschlagfotos: Michael Wolgensinger und Fernand Rausser
Gesamtherstellung: Huber & Co. AG, Frauenfeld
Einband: Buchbinderei Burkhardt AG, Mönchaltorf
Printed in Switzerland

	8	Vorwort von Franz Hohler
Soloprogramm	12	Solo für Werbetrommel
	14	Hallo, do isch Kuenz in Bünze…
	16	Protest contra Test
Opus 2	20	Der Vater ist's
	22	Ohne Preis kein Fleiss…!
	26	Wenn Fräulein Isolde zu Bette ging
	29	Veritasol
	32	Moritat
	34	Mach Ferien in der Schweiz!
	36	Limericks zum Ersten
Opus 3	40	Was hüpft früh um sieben…
	42	Dialog vor Uster
	44	Dialog in der Fremde
	47	Juchheissassa!
	50	Das Märchen vom Baum
	54	Wiegenlied
	55	Modern Times
	58	Urwaldmelodie
	60	Limericks zum Zweiten
Opus 4	64	Uns gehts gut!
	66	Keul, der Kuckelfetz
	67	das ding
	69	Der grosse Frass
	72	Der Computer
	75	Keine Zeit
	77	Lied an den Sohn
	78	Limericks zum Dritten
Opus 5	83	Myn Vatter isch grösser als dyne!
	85	Ha wider Uffzgi – Rächne!
	86	Der Schulbesuch
	87	My Sohn – nimm Platz
	89	Der Protestsänger
	93	Angst vor-em Kind
	95	Gut ist der Mensch
	98	Der Abgeschaffte
	102	Nekrolog
	104	Limericks zum Vierten: Kindericks

Opus 6	108	Jung for ever
	111	Schlanksein ist alles!
	114	Rosen für die Mutter
	115	Das Märchen von den fliegenden Göttern
	118	Das Märchen von den Zwergen
	120	Das Märchen von der Macht
	121	Auto-Nekrolog
	122	Dialog auf dem Hochsitz
	124	All das haben wir überlebt
Opus 7	128	Das Jubiläum
	130	Jubilate!
	132	Make love, not war!
	134	Alpsegen
	136	Dialog im Zoo
	138	Hausaufgaben
Opus 8	144	Im Menschenzoo
	146	Die Strassenlampe
	149	Computerferien
	150	Luscht am Verzicht!
	154	Mein Herz ist rein...
	157	Sehnsucht nach Rueh
	160	Limericks zum Fünften: Sparericks, Limerachs
Opus 9	165	Die Krise
	166	Verzell doch no gschnäll die Gschicht
	168	Bargespräch
	170	Erziehung
	172	Weekend-Jodel
	176	Schöne neue Stadt
	178	Song vom schönere Läbe
	181	Dialektik
	184	Vielleicht hilft uns der liebe Gott...
Opus 10: Generalprobe	190	Shoppyland
	193	Sitzornig
	196	s Schlägerli
	198	Hallo Mr. Orwell!
	202	Limericks zum Sechsten

Opus 11	206	Die Gross Chrüz- & Quer-Wältreis
	208	Reiselust
	210	Dialog vor dem Apparat
	212	Mann des Jahres
	215	Schlafliedli
	216	Moralpredigt in den späten Achtzigern
	222	Tanz auf den Vulkanen
	226	Limericks zum Siebenten
Opus 12	231	Heile Welt
	233	Ohne Waffen
	235	Aus den babylonischen Endlagerstätten
	236	Dialog im Kopf
	239	Der Rentner
	242	Zyt für enand
	244	In Vitro
	246	Die GENeration der Zukunft
	248	Der Überlebenskoffer
	252	Limericks zum Achten
Opus 13	256	Prolog: Blick zurück nach vorn
	257	Die Umweltkonferenz
	259	Tuubefüettere
	262	Der Beantworter
	264	Zweitausendwärts
	266	Epilog: Blick zurück nach vorn
Frisch geliftet	270	Prolog
	272	Dialog mit Lücken
	274	Magnetischer Dialog
	276	Dialog mit Handy
	278	S Alter hät scho au syn eigene Reiz…
	282	Evolution
	283	Märlifee
	284	Lück und Zech
	288	Schlummerwhisky
	291	Eimericks
	294	Epilog
	297	S isch nämmli au schön, das Läbe
	300	Zur Sprache
	301	Dank
	302	Bildnachweis

Freunde! Hominiden!

Setzt euch, wenn es Winter ist, aufs Sofa, legt euch, wenn es Sommer ist, in den Liegestuhl oder lasst euch zu irgendeiner Jahreszeit an eurem Schreibtisch nieder, um diese Texte zu lesen, ihr werdet euch amüsieren, ihr werdet euch wundern, ihr werdet staunen, ihr werdet schmunzeln, ihr werdet lächeln, ihr werdet lachen, ihr werdet euch freuen, ihr werdet nicken, ihr werdet den Kopf schütteln, und ihr werdet ein Stück Zeitgeschichte vorbeiziehen sehen.

So werdet ihr einen satirischen Willkommgruss auf den Computer entdecken, der in den sechziger Jahren die Bühne des Alltags betrat, noch in den Kinderschuhen, aber dennoch mit erstaunlichen Erkenntnisleistungen wie:
Eine Geiss, gemästet mit Traubentrester
wirft zwei Eier pro Semester.

Ihr werdet auch feststellen, dass wir schon eine Konsumgesellschaft waren, bevor nur ein einziges Einkaufszentrum stand, mit Gabel, Messer und Tranchierbesteck als Panier, und dass die Diktatur der Werbung ebenso alt ist wie die Werbung selbst: im Solo für Werbetrommel von 1962, einem Rap avant la lettre, wird Fritz von ihr in den Wahnsinn getrieben, und lest auch, ich bitt euch, zu eurem Wohl die Geschichte von VERITASOL, dem Mittel gegen den Handstand, das durch eine beispiellose Kampagne landesweite Verbreitung fand, bis ein Querkopf dessen Wirkungslosigkeit demonstrierte, worauf die Werbung mit dem Zusatz versehen wurde «jetzt neuerdings auch *für* den Handstand!» Wenn es die Kunstgattung *Ad absurdum* gäbe, César Keiser wäre einer ihrer Meister.

Der Wohlstand frisst sich durch das Land, oder, wie der Humorist lakonisch bemerkt, überall wächst das Wachstum, und in den Zeiten, als man noch an Parkplätze in der Innenstadt glaubte, fährt der Vater mit seinen Seinen frohgemut in die Stadt, um sie später als Odysseus der Zweite fluchend und unverrichteter Dinge wieder zu verlassen, wie denn so oft die Genüsse, die uns Wohlstand und Wachstum verheissen, misslingen, seien es die Kreuz- und Querfahrten oder die Wochenenden im Ferienhaus, und der Chronist der alltäglichen Katastrophen zeigt uns einen Grotesktanz von lauter Scheiternden, die vergeblich versuchen, des Lebens habhaft zu werden. Sie wollen Zeit gewinnen und verlieren sie, sie wollen nur schnell eine Frage mit dem Telefonamt klären und verirren sich im Labyrinth eines Systems, das sie nicht begreifen, oder wenn sie etwas davon begreifen, dann das, dass sie auf jeden Fall die schwächeren sind, sie wollen ihrem Sohn etwas Selbstverständliches erklären und stürzen schon in der Vorbereitung ins Bodenlose. Es gibt nichts Selbstverständliches, der Komiker treibt es aufs Gelände des Absurden und entzieht ihm das Prädikat des Normalen.

«Man» sind die andern, sagt der Moralist, und öfters spricht er uns, sein Publikum, direkt an «und Sie?», und wir möchten uns gern umdrehen nach denen, die in der hinteren Reihe sitzen. Wir sind erst beruhigt, wenn wir das nächstemal hören «wie Sie und ich». Der Moralist nimmt sich nicht aus vom Chor der Fehlbaren, er nimmt sich nicht aus, wenn er von Wohlstandsresten und Konsumexkrementen spricht.

Lest all die Diagnosen und seht mit Erstaunen, wie viele davon auch Prognosen waren. Und wenn ihr schon glaubt, den Keiser geortet zu haben, als Satiriker und Moralist und somit als Pessimist, tritt auf einmal der Poet auf und überrascht euch mit Liebesliedern an sein Fingerhüetli, Blüetestäubli, Lindeblüetli, Espeläubli, mit Wiegen- und andern Liedern für seine Kinder und Enkel, voll Hoffnung auf Hoffnung. In einem Lied über alles, was ein Sohn wissen will, ist seine Antwort:

Ich weiss es nicht – doch hör du nie auf, danach zu fragen.

Überhaupt die Welt der Kinder, die er auch auf der Bühne so unvergleichlich darstellen kann, es ist die Welt der Anarchie, ständig bereit, die Ordnung der Erwachsenen zu sabotieren, mit der es ohnehin nicht weit her ist – und schon kommt das Alter, ein Fokus vor allem seiner späteren Texte, und in Keisers Alten ist wieder die Anarchie der Kinder da.

Leser! Leserinnen! Geneigte! Ihr könnt euch aber auch freuen auf den Sprachspieler, der den Dialekt ausreizt, wenn er seine Landsleute besingt, en struttige, stotzige, chruttige, chräblige, säblige, chärnige Schlag, wenn er für die Deutschen aus dem Swimming Pool nach der «u zu au»-Regel den schwimmenden Paul macht, wenn er Keul den Kuckelfetz durch die Nacht jagt, oder wenn er den Vorhang zur Welt seiner Limericks öffnet, in der sich Maurer aus Flims mit Damen aus Grenchen und Herren aus Benares mit Jungfern aus Arth wie Marionetten in linguistischen Veitstänzen drehen, stets knapp am Abgrund des Sinns.

Natürlich sehen wir ihn auch immer wieder selbst agieren hinter seinen Sätzen, lesen sie mit seinem Akzent, sehen ihn und sein Läubli, wenn sie bei einer grünen Witwe für die Liga der befreiten Schwestern werben:

Schwöschter
chömedsi doch a eusi Bruscht
und lehredsi d Luscht
am Verzicht!

Wenn die Stimmen ineinander übergreifen wie etwa in «Uns gehts gut, Gottseidank!», dann lesen wir eine choreographierte Sprache, hinter deren Silbenfall bereits die präzisen Bewegungen auf der Bühne durchschimmern.

Und immer wieder das Bild vom Baum, für die Kostbarkeit und die Unersetzlichkeit des Lebens – hier spricht der Humorist, der Komiker, der Moralist, der Satiriker und der Poet zugleich, wenn seine Sorge um die Schöpfung zum Aufruf wird:

Freunde! Hominiden!
Unterschreibt die Verträge
gegen die Säge!

Ich glaube, ich unterschreibe. Und Sie?

Franz Hohler

Plakat   Vittorio Speich

Solo

Und das isch die Gschicht, oder besser: die Mär
vo däm Ma namens Fritz, es isch nonig lang här,
wo im Glaube an d Wärbig und d Reklame vo hütt
erschtens vyl zwytt gange isch und zweitens verschütt.
Der hinterschti Streich vonere Wärbeagentur
het für der Fritz d Bedüttig gha vom Rütlischwur,
eso blind isch er gsi,
so naiv wiene Kind,
eso stur sisch kei Witz –
isch er gsi, der Fritz.

Agfange hets dodermit, dass er zur Frau
ame schöne Morge gseit het: Du Frau, du söttsch au
numme no mit SONOL wäsche, lueg do d Frau Hohl,
die wäscht nur mit SONOL, und es isch ere wohl!
Und er het ere s zeigt, s Inserat, eso gross,
und sy Frau, gläubig au wie der Fritz, die isch los,
het SONOL kauft, e Dreiwuchesparsuperpäck,
will zum Superpäck gits no zwei Gratis-Motteseck
und e Los
und e Bon
und e Bildercheck.

Vierzäh Dag spöter list er in der Zyttig so fett,
dass RADOL e Wösch git, wo me drybysse wett
(mit de Zehn wohlverstande, mit eme ganz e weiche b),
und die Drybysswösch syg wysser als der wyssischti Schnee.
Und er zeigt das Inserat der Frau und die seit: Pardauz,
sone wyssi Drybysswösch heig si no nie gseh, und si hauts,
kauft RADOL, e Doppelelefantepaketli
mitere Strumpfsparkarte und eme Nastuech fürs Bethli
und eme Los
und eme Bon
und eme Kindertrumpeetli.

für Werbetrommel

Unterdesse isch d Frau au nit fuul, es git Soosse
Und Suppe, Margge PFLOTSCHI, in der praktische Dose,
denn d Chrüttli und d Blettli uf der PFLOTSCHI-Spyskarte
sinn aparter und zarter als im eigene Garte.
Doch zwei Dag spöter, s git grad PFLOTSCHI mit Spägg,
losst der Fritz der Löffel gheie und schmeisst d Suppe ewägg,
us der Zyttig luegt e Fröllein mit drei Pfund Sexappeal
und seit: KNURRLI-Suppe, billiger, und erscht no steril!

So ischs wyttergange, langsam het d Verwirrig ygsetzt,
stundenlang hänn Fritz und Frau diskutiert, öb me jetzt
mit PFLASTRA koche sött, das Fett, wo jedes Herz lacht,
oder doch mit FIT, will FIT die Hausfrau fittiger macht.
Söll me d Zehn mit PITZI putze oder doch mit PUTZI,
PITZI, seit der Fritz, het Rizinus, und PUTZI schmeggt nach Gutzi,
was isch richtig, was isch guet, das oder jenes Produggt –
Langsam merggt der Fritz, es het kei Spitz, jetzt wird i veruggt –
Nimm i FOXI-SPRAY, frogt d Frau, oder nimm i TRIXI-SPRITZ...
Nimm doch LUXI, das isch s beschte gege Gluggsi, seit der Fritz,
und bi zäh
Päggli gits
E Burghölzli-Gratissitz...

Und jetzt sitzt der Fritz in der Spinnwindi inne,
und er tuet der ganz Tag nüt anders als spinne,
und zwor spinnt er, au im Winter, mit KNACKSIN-Flachs, mit däm feschte,
mit KNACKSIN-Flachs, jede weiss es, spinnsch am billigschte und beschte.
Nur der Frau gohts schlächt, sit der Fritz nümme seit
Wie me wäscht, spinnt, isst, was für Strümpf dass me treit –
Mängmol froggt si sich bloggt, was söll denn us em Fritz wärde,
näggschtens wird er doch, es isch fatal, als halbnormal entloh –
Doch numme kei Kummer,
er het e gueti Offärte

als Chef vom Wärbefärnsehbüro...

1962 | Soloprogramm

Hallo,
do isch Kuenz in Bünze…

Er sitzt am Telefonapparat, stellt eine Nummer ein, und meldet sich:

HALLO?
Grüezi, Fröllein, do isch Kuenz, Kuenz im Momänt in Bünze bi Boswil. Fröllein ich hätti gärn en Uskunft gha vo Ihne, es handlet sich um Folgendes: Ich bi do für öppe 14 Tag in de Ferie, im Huus vo Fründe, und ich hätti gärn für die Zyt, wo ich do bi, en eigeni Telifonrächnig gha, will ich zimmlig vyl uswärts telifoniere muess und damit ich nit jedes Telifon äxtra ufschrybe muess – Si verstöhn – isch das möglig?

   Ja, so, aha
   ja, doch – sehr gärn Fröllein –
   Danggene vylmol Fröllein! –

Er wird weiterverbunden.

Ja halloh? Ja do isch Kuenz, Kuenz in Bünze. Ich bi do im Huus vo Fründe für e paar Tag und – wie bitte? Bi Klaus – jä und ich hätti gärn gfrogt gha, ob ich für die Zytt, won ich do bi, könnti en eigeni Telifonrächnig biko, will ich zimmlig ... Wie? Nei nur vorübergehend – aha – jäso jä – gärn, merci villmol Fröllein –

Ja, grüezi do isch Kuenz, momentan in Bünze ... ich bi do im Huus vo Fründe, wo do ... e Huus hänn und won ich gärn gfrogt gha hätti, öb ich für die Zytt könnti ... wie bitte?

Jawoll es handlet sich um en Uftrag – quasi – indäm ich nämmlig zimmlig vyl uswärts ... aha – aha so jä, jä – – danggschön!

Jä do isch Kuenz bitte im Huus vo Fründe – ich bi do im Huus vo Fründe und hätti gärn en eigenei Rächnig gha für die näggschte ... wie? feriehalber, jawoll – und will ich zimmlig vyl uswärts ... bi Klaus – und will ich – bi Klaus – – nei KLAUS. K wie Knopfloch, L wie Laus – KLAUS – richtig, jawoll! In Bünze! – –
Jäsoo, isch das ... aha – jä y verstand – danggschön vylmol –

Hallo – jä do isch Klaus im Momänt in Bünze vorübergehend.
Ich bi do bis Klau ... – eh Kuenz! Kuenz isch do – ich bi do bis Klause feriehalber vorübergehend ... in de Ferie ... und ich sötti – das heisst es handlet sich um e Rächnig ... won ich ... wie bitte?
Im Huus vos Fründe – vos Klause ... – KLAUSE! ...
K wie Knopfloch, L wie Lause – jawoll ja – und ich ...
in BÜNZE! KUENZ! Aha so – jä ...
merci villmol ...

Ja halloh? Ja do sinn s Bünze in Kuenze ... s Kuenze in Bünze bitte – und Si sötte mir gärn e Rächnig schigge für en Ufenthalt, won ich do im Huus vos Klause, wo do feriehalber e Huus hänn bi Kuenze ... eh ... bi Bünze ... eh ... mach.

Was? Ferieuftragsdienst – jä könne Si nit ...
sinn Si so guet – danggschön.

Hallo? – Jä do sinn s Klause – Klause – K wie Knopfloch – ich sötti – in Bünze ... ich sötti bitte e Knopfloch ha – e Rächnig ha für d Ferie – was? Nei im Huus vos Bünze ... vos Klause, Klause bi Boswil bitte –
aha – merci ... Hallo –

Hallo – hallo? Ja do isch Klause bi Boswil – bi Kuenze ... bis Kuenze simmer do – dr Kuenz isch do, der Kuenz höchstpersönlich ... feriehalber vorübergehend bitte –
Fröllein könne Si mir bitte e Ferierächnig schigge – e Telifonrächnig schigge – waseliwas? Nei – in Bünze ... eh ... Kuenze, K wie Knopfloch ... ich sötti bitte e Rächnig bstelle hallo was? im Knopfloch vos Klause – im Huus vo Bünze ... könne Si mir bitte e Huus schigge – e Klaus schigge mitere Rächnig?
Hallo Fröllein, Si verstöhn mi miss – es handlet sich ums Knopfloch bi Bünze – bi Lause – um d Laus bis Kuenze – ums Telifon im Knopfloch – hallo Fröllein ... Hallo ... HALLO ... huhuu ...

Er bricht zusammen.

1962 | **Soloprogramm**

Megge Dörrobst ist eine Figur aus der Basler Rheingasse-Subkultur, wo man so spricht, wie einem der Schnabel gewachsen ist, also deftig, direkt und in farbigen Metaphern – ein fantasie- und bilderreicher Slang, für Nichtbasler reizvoll, aber nicht leicht verständlich.

Entschuldigung und nichts für unguet, aber jetzt hani der Wurm im Gebälk, jetzt rägnets mer yne, hösch!

Nichts gege die neui Zytt, verschtohsch – au der Megge het sy Hi-Fi-Stereo-Anlag mit Spezialluttsprächer, wo de so kasch ystelle, dass de znacht am zwei vom luttschte Verkehrslärme an der Dufourstrooss nichts mehr ghörsch. Auch der Je het deheim en üetlibärggstüürti Wunderbüggse mit eme Bild, wo fascht gar nicht mehr zitteret, usser höggschtens denn, wenn de der Schwyzer Sänder ystellsch. Isch jo klar, gäll, was zitteret do nicht.

Nei, was i ha welle sage – auch der Megge goht mit der Zytt, aber neume hörts uff, verschtohsch. Sit d Ottilie, my Dreizimmerwohnigschmuck und ehelich Angebaute, s Letschte und Neuschte, nämmlig der Verbruucher-test, entdeckt het, kumm ich mir deheim vor wiene Zürcher Clochard im Schwyzerfilm, eso fähl am Platz.

Am Morge, so zwüsche Bankverein-Znüünipause und zweiter Manicureablösig in der Bellevuekanzle, schellt sich der Megge üblicherwiese us der Lyntuechfalte und rüeft synere Geisha, si söll e Breakfast ufe Täller kitte. Dörfsch dreimol rote, was d Luschtpuppe stattdessen macht: Si schwümmt grad durch Sytte 20 vom neuschte Verbruchertestheftli, und s Breakfast kasch der in d Rinde schnitze.

Weder Schwöbli noch Gipfeli gits neuerdings, will d Ottilie gläse het, dass 58 Prozänt vo alle Mählfritze zvyl Chöhle für zwenig Brötli verlange. Kei Landjeeger erblickt mehr das Licht vo unserer japanische Toggeburgerlampe, nachdem sich usegstellt het, dass alles in de Landjeeger verwurschtet wird, numme keini Landjeeger. Komfitüre wird nicht mehr gekauft, will si chemisch gfärbt isch. Won ich mich ha welle an der koffeinhaltige Muulspüelig vergryffe, het mym Schwigervatter sy einzigi gflötet, öb ich wüss, was ich inhalier, und won ich mittels Schüttle vo mym lycht verergerete Bybeli verneint ha, het si lutt vorgläse: «Diese Kaffeemischung hat die Punktzahl nicht ganz erreicht. Immerhin relativ wenig Rückstände. Geiler, das heisst frischer Geschmack, anscheinend aus früherntigen Kaffees hergestellt, keine regulären Stinker, da der geile Kaffeegeschmack bei Kälterwerden der Tasse verschwindet.»

Jä näi, also jetzt muesch vilmol entschuldige, aber das goht zwytt. Ottilie, han i gseit, du gestattsch, dass ich mich restaurationshalber verabschied, läng mer d Schweisshäntsche. Dyni Schueh sinn bim Schuehmacher, het d Ottilie gseit, will die spezialgherteti Gummisohle suuri Teerverbindige ufwyst, das förderet s Wachstum vom Fuesspilz. Und dä Gips, wo du verzellsch, han ich gseit, dä förderet d Altstadtsanierig.

Näi, es isch nümm wie früehner bi uns deheim. Sit e paar Tag han i e neu Zahnbürschtli – «Sehr empfehlenswert» isch im Test gstande, lutt Ottilie –, will d Grifform anatomisch richtig in d Hand passt.

Jä, das stimmt: Sie passt genau eso in d Hand, dass de entweder d Zehn muesch 20 Santimeter wytter vorne oder s Muul in der Gnickfalte ha. S einzig Vernümftige, was de mit däm Zahnbürschtli kasch mache: dä schwachsinnig Designer, wos entworfe het, go abschrubbe, bis er die anatomisch richtigi Form het.

Ottilie, han ich hütte morge gseit, Ottilie, jetzt wird am Megge langsam d Paschtmilch suur: My Käs darf i nümm ässe, will er zvyl Phosphat het. Rollmöps gits keini meh, will ene s Rolle nit guet tuet. Der Wy schnappsch mer vom Rüssel ewägg, will 33 Prozänt entweder gschwäflet oder gwässeret oder zuckeret isch – Ottilie, du Plastikblume am mym Buse, no ei Test, und der Megge griegt der grossi geischtigi Ärdrutsch.
Ottilie, han i gseit, du vom Test agfrässeni Luschtbarkeit, dy geischtigi Potänz het bereits s Niveau vomene mittlere Salzhärdöpfel erreicht – Ottilie, lass das Testen, sunscht muess di schlicht und eifach go umtusche!

Jetzt isch wider Fride im Harem – jä gäll, darfsch nur nichts derartiges yrysse loh, verschtohsch. 67 Prozänt vo de Ehe göhn wäge an sich läppische Differänze in Schärbe, und numme 0,073 Prozänt wäge der Benzoesüüri in portugiesische Ölsardine – verschtohsch, hösch!

1962 | **Soloprogramm**

Plakat   Vittorio Speich

Der Vater ist's

Was rollt dort im Wagen, im frischgewaschnen,
am Samstag hinein in die lockende Stadt,
befreit von des Alltags Sorgen, den kleinen?
Der Vater ist es, mit seinen Seinen!

Den sechsten Tag in der Woche zu nutzen
zu genussreichem Schlendern und munterem Shopping,
sich freuend schon auf einen köstlichen Zvieri
mit Vermicelles, Kaffi und Meitlibein,
rollt die Familie fröhlichen Sinnes
singend ins Center der City hinein.

Die Mutter erzählt mit blumigen Worten,
wo sie einkaufen möchte. Die Kinder in Fond
sitzen geputzt mit strahlenden Augen
und blicken erfreut in die dichten Kolonnen.
Der Vater, der tüchtige, schaltet und waltet
am Steuer und stoppt und fährt und haltet.
Die Mutter erblickt einen Parkplatz jetzt –
bis der Vater blickt, ist er schon besetzt.

Mit kundiger Hand steuert er seinen Kreuzer
weiter durch die Wogen von Wagen und Trams,
indessen die Mutter, die sorgende, gute,
nach Inseln auspäht, um endlich zu landen.
Schon ruft sie erfreut: Dort vorne, dort hat's!
Doch das, was es hat, ist ein Taxistandplatz.
Während die Familie nach Parklücken sucht,
hört man erstmals, wie der Vater flucht.

Von hinten erkundigt zum drittenmal schon
sich der eine Sohn nach den Vermicelles,
wogegen der andere in gequetschtem Ton
darauf beharrt, dass er muss, und zwar schnell.
Die Mutter meint: Wenn wir nicht halten, dann nässt er!
Der fahrende Vater flucht schon etwas fester.

Was rollt dort im Wagen, im frischgewaschnen,
am Samstag durch die lockende Stadt,
mit Lust auf Shopping, Kaffee und Kuchen?
Der Vater ist es, mit lautem Fluchen.

Hier müssen wir abschwenken, ruft die Gattin,
doch das geht nicht, denn hier ist Fahrverbot,
und dort, wo es ginge, dort geht es noch schlechter,
weil dort ist das Signal jetzt rot.
So fahr halt in Gottes Namen retour!
Doch das geht am wenigsten,
denn der Vater fährt in der falschen Spur.
Schon beginnt im Kühler das Wasser zu kochen,
der Vater flucht beinahe ununterbrochen.

Er flucht auf das Tram und die Automobile
und auf das Strassenbauamt, das senile.
Er flucht auf die Polizisten, die pfeifen,
und auf die Gänse auf dem Fussgängerstreifen.
Er flucht auf die Vollidioten in Scharen,
die alle gleichzeitig in der Stadt herumfahren!
Wo bleibt unser Zvieri? hört die Söhne man schreien,
da verflucht er auch noch alle Konditoreien.

Was rollt dort im Wagen, im leicht zerkratzten,
am Samstagabend hinaus aus der Stadt,
mit Kindern auf nassem Polster, die weinen,
die gerädert Circe an seiner Seite?

Der Vater ist es. Odysseus der Zweite!

1963 | **Opus 2**

Ohne Preis
kein Fleiss…!

Er steht vor dem Spiegel und memoriert seine bevorstehende Ansprache,
während er erfolglos versucht, den Schlips zu binden;
dabei unterhält er sich auch mit seiner Frau, die ihm den Schlips gekauft hat.

Meine lieben Freunde von Nah und Fern!

Wenn heute die Glocken läuten, so ist ihr Klang aus tiefer Dankbarkeit
und reiner Freude gemischt. Wenn weit die Fahnen flattern und fliegen
und die Flöten blasen in St. Gallen, dann rufen wir fröhlich aus:
Hoch Wanderpokal, hoch geschnitztes Panier!
Ja immer wieder tönts auch bei uns: Ohne Preis kein Fleiss!

    Nei…

Ohne Fleiss kein Preis!

    Was isch denn mit däm Schlips los –
    Worum hesch au müesse e reinsydige kaufe –
    Dä ka me jo nit rächt binde –

Ja ohne Preis – nei – ohne Fleiss kein Preis!

    Do isch jo no der Prys dra – merci –
    Hesch au nit grad der billigscht gno!

Die Bande der Freundschaft noch enger zu knüpfen…

    Isch glaub z äng – muess en wytter mache –

Die Bande der Freundschaft noch weiter zu knüpfen –

    Was? He dä Schlips do, dä bringt mi no zur Verzwyflig –
    Worum hesch au müesse e reinsydige kaufe! Dä rutscht jo immer
    usenand –
    wo bin i jetzt gsi –
    muess glaub nomol afoh…

Wenn heute die Glocken läuten, so ist ihr Klang aus tiefer Dankbarkeit gemischt...
eh... und... und reiner Freude han i vergässe –
Aus tiefer Dankbarkeit und...

>   Was? Nei nonig. Y ka die Fliege eifach nit binde!
>   Worum hesch au müesse e reinsydigi kaufe!

aus tiefer Dankbarkeit und reiner Seide gemischt... Freude gemischt.
Wenn weit die Fliegen... eh die Fahnen flattern und fliegen –

>   Die Fliege macht mi wahnsinnig –

und die Flöten blasen in St. Gallen – –

>   Was? Was hesch nit verstande?
>   Worum dass de mer hesch müesse eini us Syde kaufe!
>   Sogge, bitte, Sogge us Syde – aber e Schlips!
>   Do wirsch jo granggg derby...

und die Gallenblasen in...
und die Flöten blasen in St. Gallen...

>   Muess nomol afoh – das goht jo nit eso –

Meine lieben Freunde von Nah und Fern!

Wenn heute die Socken läuten – die Glocken läuten – –

Das Telefon läutet

Wär lütted denn jetzt...

Halloh? Halloh wär?
Jä grüezi – jä aber jetzt hani –
könne Si nit spöter –
Nei i bi jetzt – – Momänt!

Er ruft nach draussen
Du d Frau Merlot losst frooge, öb si morn söll ko oder nit – Was? Jo?
Ins Telefon
Jo! – Jo isch scho rächt. Also – jä ebe jo – guet also –
jo sisch jetzt glych – aalso – Adie!

Wenn weit die Fliegen flöten – die Flöten fliegen... blasen
dann rufen wir fröhlich aus:

>   Bring mer nur niemeh sone Fliege heim!

rufen wir fröhlich aus:
Hoch Wanderpokal, hoch geschnitztes Spalier... eh... Panier –
Ja immer wieder tönts auch bei uns – –

Das Telefon läutet

Was isch denn jetzt wider los ...

Er nimmt ab

Was isch denn jetzt wider los?
Was wär? – Jä aber jetzt han i doch ... Momänt!

Er ruft nach draussen
Du d Frau Merlot losst frooge, öb si morn au der Gang
uf unserer Sytte söll wüsche! Was? Jo?
Ins Telefon
Jo! – Jo dasch scho rächt – also! – Nei s isch jetzt glych, also – –
Nei i bi jetzt in Zytnot – aalso – Adie!

Meine lieben Freunde in der Not,

wenn weit die Glocken läuten, dann ist ihr Gang auf meiner Seite gewischt –
der Mischt auf meiner Seite im Gang –
    wie heisst jetzt das –

    jetzt fliegt mer au no s Krageknöpfli abe – –

Wenn weit die Knöpfe fliegen – die Fliegen flattern – die Schlipse knittern,
dann rufen wir fröhlich aus: Hoch Wanderpokal, hoch

    Was?
Sie ruft von draussen
    Was gits? Z'ässe gits? Momänt!
dann rufen wir fröhlich aus: Momänt! Eh ...
Hoch paniertes Schnitzel, hoch Wanderniere – – eh Pokal

Der Schlips ist mehr oder weniger geglückt gebunden

Ja immer wieder tönts auch bei uns:

    ändlig schlitzt dä Sips am Hals
    dä Schlaps am Hils – dä Schlips am Hatz –

Ja ohne Preis kein Fleiss!

1963 | **Opus 2**

Wenn Fräulein Isolde zu Bette ging

Wenn Fräulein Isolde zu Bette ging,
dann blickte sie häufig und lange
aus dem Fenster auf das andre Trottoir
zu der dortigen Telefonstange.
Dort stand manchmal ein Mann und sah
zu den Fenstern hinauf – und verschwand.
Denn der Mann, der gehört zur Securitas
und nicht zu dem Fräulein im Nachtgewand –
Und Isolde schloss seufzend das Fenster zu
und begab sich mit kribbelnder Haut zur Ruh.
Doch sie hat keine Ruh, denn die Gadanken sind frei,
erst nach zwei Tabletten oder auch drei
atmete sie ruhig und tief

und schlief.

Im nächtlichen Raum
lag Fräulein Isolde,
und in ihrem Traum
war alles, wies sollte.
Doch der Morgen war hart
und Isolde allein,
und kein Mann strich ihr zart
über Hals oder Bein.
Gottseidank gabs da wiederum Pillen,
um die Unruh des Blutes zu stillen.

Wenn Fräulein Isolde zu Bette ging,
dann blickte sie häufig und lange
in den Spiegel, und sie fragte sich still:
Wie lang noch allein, ach, wie lange?
Denn selbst das sittsamste Mädchenherz,
das fühlt ab und zu einen Trieb,
einen Trieb nach Liebeslust und Nerz
und nach maskulinem Betrieb –
Und Isolde schloss seufzend das Fenster zu
und begab sich mit kribbelnder Haut zur Ruh.
Doch sie fand keine Ruh, denn hart ist das Bette,
doch schwach ist das Fleisch – erst nach einer Tablette
atmete sie ruhig und tief

und schlief.

Aus nächtlichem Traum
steigt Isoldes Gebet:
Ich habe genug
von sexueller Diät!
Was solln die Tabletten,
dass ich schlafen kann –
Ich will statt dem Sandmann
einen Mann mit was dran!
Gottseidank gabs da wiederum Pillen,
um die Unruh des Blutes zu stillen.

Wenn Fräulein Isolde zu Bette ging,
erhoffte ein Wunder sie immer
und stellte sich vor, auf einmal wär
der Jean-Paul Belmondo im Zimmer.
Und als das eines Nachts geschah –
es war zwar mitnichten Jean-Paul –
doch war es ein Mann, und was will man noch mehr,
und wieso dass er dastand, war sekundär –
Da schloss die Isolde das Fenster zu
und sprach: Nur ein kleines Momentchen, du!
Und sie eilte und zog sich das Durchsichtige an
und rief hinterm Paravent: Sind Sie wirklich ein Mann?
Und sie lachte und scherzte und verbarg sich voll Scham
Und war so nervös, dass sie drei Pillen nahm,
und legte sich hin, äusserst tief
dekolltiert – – –

und schlief.

Im taghellen Zimmer
zwischen acht und halb neun
erwachte wie immer
Isolde allein.
Wo der Mann nachts gestanden
wie eine pflückreife Frucht,
lag ein Zettel mit der Aufschrift:

«Das sind die Folgen der Tablettensucht!»

1963 | **Opus 2**

VERITASOL

Und eines Tags geschah es wohl,
dass irgendwo im Land
ein unbekannter Mann an einem Stand stand,
der begann den gespannten
Passanten
eine Flasche zu verquanten,
auf welcher eingebrannt stand:
VERITASOL
Gegen den Handstand!

Dieser unbekannte,
äusserst redegewandte,
interessante
Mann demonstrierte
lang und breit
und mit allerlei Witzen
die Notwendigkeit,
VERITASOL zu besitzen.

Er war auch bereit,
die Wirkung am eigenen Körper zu zeigen:
Er machte in der Zeit,
in der Zeit, in der er am Stand stand,
allerhand –
nur keinen einzigen Handstand!

VERITASOL – wird nicht alt!
VERITASOL – wird nicht ranzig!
Ist unentbehrlich
und klar wie Petrol!
Leicht feuergefährlich,
kostet 2.20 –
VERITASOL

Zum Wohl!

Nicht lange ging es, und da war
das Mittel sehr bekannt,
denn der Verband, der hinter dem am Stand stand,
der bestand aus gewandten,
penetranten Reklamefachgiganten.
Wo man sich auch befand, stand:
VERITASOL
Gegen den Handstand!

Du greifst am frühen Morgen
zur Zeitung, und schon sticht
zwischen de Gaulle
und Deutschlands Wohl
dir VERITASOL ins Gesicht.

Dann steigst du in den Dreier
und schlitterst in die Stadt,
und mit dir zittert
im gleichen Takt
das VERITASOL-Plakat.

Und wo man sitzt und wo man steht,
da blitzt das VERITASOL-Signet,
es nützt keine Flucht und kein Bogen,
überall lauert der Slogan!

Und gehst du abends mit der Braut
ins Kino – schon wirds dunkel –
da kommt ein kleiner Leu und haut
auf einen Gong und miaut laut:
Gegen Furunkel –
gurgeln mit Dôle!
Doch gegen den Handstand
VERITASOL!

VERITASOL – wird nicht alt!
VERITASOL – wird nicht ranzig!
Ist unentbehrlich
und klar wie Petrol!
Leicht feuergefährlich,
kostet 2.20 –

die günstige Familienflasche 4.40 –
die preiswerte Kurpackung 8.80 –
die beliebte Vierteljahresfamiliensupermagnumkurflaschengrosspackung 59.90 –
VERITASOL

Zum Wohl!

Nach einem Jahr war es soweit,
dass man im ganzen Land
nur einen allerletzten Ignorant fand,
der gestand den Gespannten,
die ihn fanden,
er und seine beiden Tanten,
die machten an dem Sandstrand
trotz VERITASOL
jeden Handstand!

Dieser unbekannte,
von der Sonne verbrannte,
so querulante
Mann demonstrierte
lang und breit
und nach Ausziehn des Kittels
die Nutzlosigkeit
dieses Wundermittels.
Schon war er bereit:
Mit Wonne trank er
10 Kurflaschen leer,
und die Tanten zu zweit
eine Magnum bis zum Flaschenpfandband –
Und im Verband
standen sie dreifachen
Handstand!

VERITASOL – wird nicht alt!
VERITASOL – wird nicht ranzig!
Ist unentbehrlich
und klar wie Petrol!

Jetzt doppelt elegant,
jetzt doppelt gebrannt,
mit dem Goldbüttenrandband –

VERITASOL
Jetzt neuerdings auch *für*
den Handstand!

Zum Wohl!

1963 | **Opus 2**

Moritat

Das Geschäft mit dem Tod ist ein sicheres Geschäft.
Das Geschäft mit der Angst ist ein Bombengeschäft.
Der heutige Götze auf goldenem Thron
heisst Sensati-Sensati-Sensation.

Das Geschäft mit dem Tod, das Geschäft mit dem Mord
wird zum Nervenkitzel und Alltagssport,
je mehr gekillt wird, erschreckt und bedroht,
desto weniger läuft das Geschäft sich tot.

Vom Sterben und Morden und Leichen in Kisten
leben hundert Illustrierte und tausend Journalisten,
leben ganze Konzerne und Industrien,
denn futsch ist futsch und hin ist hin.

Das Geschäft mit dem Abnormitätenkabinett,
mit Gift und mit Strick und mit Strang und Stilett,
ob gedruckt, ob geprägt, ob auf Zelluloid,
es ist das Geschäft mit dem schönsten Profit.

Der kleinste Mord mit dem kleinsten Beil
wird ausgeschlachtet bis ins letzte Detail,
das blühendste Geschäft ist das Geschäft mit der Träne –
De mortuis nil nisi bene!

Damit sie das Gruseln nicht verlernt, diese Zeit,
wird sie geistig vergiftet, stranguliert und bespeit.
Und dann schimpft man über die Jugend, die böse,
wenn sie irgendwo einen ein bisschen ersticht,
doch über das eigne morbid-monstruöse
blutrünstige Herz schimpft man nicht.

Das klopft nur den Takt dazu,
denn Business
ist tabu.

1963 | **Opus 2**

in der Schweiz!

Megge Dörrobst meint:

Entschuldigung und nichts für unguet he, wenn am Je schnäll der Öltangg rünnt, aber jetzt hets mer doch grad d Pipeline verjaggt!
Jetzt isch doch der Je, genannt Megge Dörrobst – vo wäge der lycht runzlige Fassade, verschtohsch – jetzt isch doch der Je unschuldig wiene schwedischi Trachtejumpfere und ahnigslos wiene Appezäller Wunderdoggter anere Plakatwand begegnet, und was gumpt am Je an d Mattschybe: e Slogan! «Mach Ferien in der Schweiz!»
Entschuldigung und nichts für unguet, aber do lach ich mir doch ganz gschwind en Edelwyss ans Sennekäppli hösch!

«Mach Ferien in der Schweiz!» Genau dä Yfall isch am Megge vor Johresfrischt wiene Vierzgerbire in ebenderselben ufblitzt. Mit der Zytt machts dich doch roschtig, gäll, die ewige Salzwasserholidays und Spaghettiferie, und so het der Megge sy zweibeinige Kleiderständer in d Chromstahlbüggse zwängt und isch mit der Gschwindigkeit vomene fuessgrangge Wägschnägg durch die helvetischi Baustell greist.
Nach eme mittlere Blächschade an der Axestrooss, womer e wurmige Zweitausiger ufs Dach gheit isch, bini irgendwenn und irgendwie in Brienz-les-Bains glandet. Nichts gege Brienz verschtohsch – au die schieche Alpträum us Holz, wo-si dört an harmlosi Oxforder Rossbeeffritze verquante, hänn mi erscht lyslig verschreggt. Däne Murmeltier müesstisch numme no blaui Kappe aleege und s Nochwuggsproblem bi der Schuggerei wär glöst.
Nei, das het mich noch nicht gross berüehrt. Defür hani s Aug zweimol uf d Hotelrächnig gworfe. Dört het-mer nämmlig die, wo d Rächnige schnitzt, drei pralli Silberling Uffschlag derzue gmeisslet, will ich nur Pfuus und nicht auch Frass konsumiert ha. Kunnsch drus, Digge? Ich au nit!

Jänu, d Sunne het grad Luscht gha, der Himmel isch so blau gsi wie zäh Dütschschwyzer an der EXPO – ich also in Feriestimmig in die näggscht Gartebeiz, e Neger in der Schale go inhaliere. Kaum am Werk hösch, rutsch ich doch fascht in d Tasse – was meinsch, die Gwässerverschmutzig! – will e Portion Läderhosejogge unvermittlet in diväärsi Inschtrumänt bysse und der e Schrammelschauer an d Poschtur blose, dass-de als Greppapirrolle an die näggscht Fasnacht könntsch. Ich, knapp erholt, rüef em Saftschiff und wott my Castrosyrup bläche – jetzt heb-di Digge, sunscht machsch grad d Schwalbe: ei Rubel fuffzig, verschtohsch, plus zweiehalb Rubel Ytritt für d Guggemuusig! Ferien in der Schweiz!

Jänu, lass dich's nicht verdriessen, ha-mer gseit, jetzt hinauf und in die hehre Alpenwelt! Scho bim erschte Frigidaire hesch zwei Schtutz Ytritt gribe, ohni Visite in der Gletschermühli, he! Und bim Frigidaire maximum, bim Rhonegletscher, hesch gmeint sygsch an der Innerschwyzerbörse im Zürcher Milieu, esone Druggete isch gsi.

Kunststück, dass-de Kohldampf griegsch – also hinein ins Grand-Hotel! Dank mynere olympische Konstitution han ich auch sälli Prüefig überläbt – öbs sich bim Wienerschnitzel garni um e gschnitzti Souvenirgeiss oder e panierti Hotelbettvorlag ghandlet het, isch mir zwor heute noch schleierhaft. My Portefeuille jedenfalls het als wie meh der Playboylook griegt: Usse Läder und inne hohl. Ferien in der Schweiz!

Dasch rächt für die gschtopfte Ussländer, wo nichts besseres gwöhnt sinn vo dehei. Nach zäh Tag isch der Megge wider im Flachland glandet, miteme Defizit in der Schüssle und eso abgrisse wie der Zürcher Bahnhofplatz.

Entschuldigung und nichts für unguet, he, aber Ferien in der Schweiz kann ich mir nicht mehr leischte! Ha doch kei geischtigi Zahnlugge, verschtohsch hösch!

1963 | **Opus 2**

Der Limerick ist eine britische Unsinnvers-Form mit Tradition. Als Erfinder dieses Nonsense-Fünfzeilers gilt ein gewisser Edward Lear. Er lebte von 1812–1888, war Illustrator, zeichnete im Auftrag des 13. Earl of Derby dessen Tiermenagerie in Knowsley, verwandte allerdings die meiste Zeit seiner Anstellung darauf, die Grosskinder, Neffen und Nichten des Earl zu unterrichten und zu unterhalten. Für sie erfand er skurrile Geschichten und märchenhaft-unsinnige Verse:

> There was an old man with a beard
> Who said: It is just as I feared:
> Two owls and a hen
> Four larks and a wren
> Have all built their nests in my beard!

Lear gilt in England als der Vater des Limerick. Als er starb, hinterliess er ein poetisches Werk, das jeder Engländer kennt, und sein berühmtestes Buch, das «Book of Nonsense», wurde weltweit bekannt.
Lears Limericks oder, wie sie in England liebevoll genannt werden: «Learics» waren für Kinder erdacht, sind simpel, naivheiter und kinderstubenrein. Doch dann wuchs der Limerick aus den Kinderschuhen heraus, wurde kunstvoll, geschliffen, unanständig – kurz: eine ernstzunehmende literarische Gattung.
Das Einmalige am Limerick ist die Disziplin, die er seinem Schöpfer abverlangt, geht es doch nicht darum, einen Einfall in die ihm entsprechende Form zu bringen, sondern darum, ein bestehendes Formgefäss von unveränderlicher Grösse und gegebenem Fassungsvermögen mit immer neuem Inhalt zu füllen. Denn die Form ist das Wichtigste beim Limerick, der Inhalt nur insofern wichtig, als er diese Form in möglichst überraschender Art und Weise ausfüllt.
Als ich in den frühen 60er Jahren in meinen Kabarettprogrammen zum erstenmal eigene Limericks vortrug, da trat ich damit eine Lawine los, die über die halbe Schweiz, ja bis nach Deutschland hinein rollte.
Inzwischen hat sich deutlich gezeigt, dass das britische Dichterkind, gezeugt aus typisch englischem Humor, auch in deutscher Sprache und mit unserer Heiterkeit gedeiht; Nonsense oder Unsinn sind, in diesem Fall zum Glück, grenzenlos.

Limericks zum Ersten

Da gab's einen Maurer aus Flims
Dem fiel ein Stück steinerner Sims
Eines Hauses in Flums
Auf den Kopf. Er sprach: Bumms –
Gottseidank ist der Sims nur aus Bims

Da gab's eine Dame in Grenchen
Die sammelte ledige Männchen
Sie legte sie flach
Zum Trocknen aufs Dach
Und machte draus Schwarztee im Kännchen

Da gab's einen Herrn in St. Immer
Der schloss sich zehn Tage ins Zimmer
Als er rauskam danach
Da staunt' er und sprach:
Da draussen ist die Luft nicht viel schlimmer

Da gab's eine Dame in Bristen
Die sammelte Kleider in Kisten
Pantoffeln und Söckchen
Und Hosen und Röckchen
Und schickt sie den armen Nudisten

Plakat   Vittorio Speich

Was hüpft früh um sieben ...

Was hüpft früh um sieben
vom Lager der Nacht,
von Unrast getrieben,
von Liebe entfacht –
Was eilet verstohlen
mit Sang und mit Klang,
auf nackichten Sohlen
durchs Appartemang –
Was wecket die Lieben
voll fröhlichen Sinnes –
Was ists, was ich meine?
Was wohl?
Ich bin es!

Und sitzen beim Zmorgen dann alle,
und der Papi, verschlafen wie stets,
verbrennt am Kaffee sich die Falle,
und der Fritzli meint, das sei ein Fez –
Und der Papi wird muff und haut Fritzen,
und der Fritzli schreit Ach und schreit Weh,
und dem Emmeli fällt unter Spritzen
das Semmeli in den Kaffee –
Und der Fritzli, der brüllt jetzt draussen im Clo,
und dem Papi sein Anzug ist voll Kakao,
es herrscht ein Geschrei und Gewein.
Nur in mir drin, da singt es ganz fein:
O herrlich,
o herrlich,
Hausfrau und Mutter zu sein!

Was bindet Krawatten
und hilft wohlgemut
dem hässigen Gatten
in Mantel und Hut –
Was tröstet die Kindlein
und wischet den Gang
und wirbelt wie ein Windlein
durchs Appartemang –
Was spannet die Leine
für flatterndes Dünnes –
Was ists, was ich meine?
Was wohl?
Ich bün es!

Und hab ich dann Körbe und Taschen
voll Essen nach Hause gebracht,
und Fritzli die Hose gewaschen,
weil er in dieselbe gemacht –
Und steht dann der Gasmann im Zimmer,
und läutet der Pöstler für Geld,
und hör ich vom Balkon Gewimmer,
dieweilen das Telefon schellt –
Und der Fritzli, der schmeisst die Balkontür ein,
und das Emmeli beisst den Gasmann ins Bein,
es herrscht ein Geschrei und Gewein.
Nur in mir drin, da singt es ganz fein:
O herrlich,
o herrlich,
Hausfrau und Mutter zu sein!

Was flieget gar munter
durch Küche und Flur –
Und Treppen hinunter
und wieder retour –
Was waltet da drinnen
und bettet das Bett
und glättet das Linnen
und putzt das Klosett –
Was treibts immer bunter,
stets heiteren Sinnes?
Was ists, was ich meine?
Was wohl?
Ich bin es!

Und bad ich den Fritzli, und mitten
ins Baden kommt Papi – doch nein,
es ist nur die Frau aus dem Dritten,
denn das Badwasser tropft bei ihr rein.
Und hab ich die Frau in der Wanne
und den Fritz aus der Wohnung gefegt
und das Badzimmer in der Pfanne
und das Suppenhuhn trockengelegt
und die Gofen im Bett – kommt Papi nach Haus
und meint irritiert: Wie siehst du wieder aus!
Und um acht muss ich in den Verein –
Ja, da singt es in mir drin ganz fein:
O herrlich,
o herrlich,
Hausfrau und Mutter zu sein!

Dialog vor Uster

Sie Verzeihen Sie, mein Herr – ist dies der Weg nach Uster?
Er An Ihrer Stelle würde ich nicht nach Uster gehen!
Sie Aber ich werde dort erwartet!
Er In Uster sind die Nächte duster!
Sie Wie recht Sie haben – das erklärt natürlich einiges.
Er Gehen Sie nach Spanien, Madame! Es grünt so grün, wenn Spaniens Blüten blühn.
Sie Spanier sind liebestoll –
Er Aber grausam!
Sie Ich wohne in Singen. Es ist schrecklich.
Er Wo man singt, da lass dich ruhig nieder, böse Menschen singen keine Lieder!
Sie Wie richtig! Das gibt einem wieder Halt! Singen Sie?
Er Nachts, vor dem Zubettgehen. Negro Spirituals.
Sie Sie sind Neger? – Neger stinken.
Er Ich bin trotzdem kein Neger.
Sie Mein Zimmerherr singt so schön. Er ist Süditaliener.
Er Süditaliener haben Läuse.
Sie Meiner hat einen Bart.
Er Ausgeschlossen. Süditaliener haben niemals Bärte. Nur Läuse.
Sie Aber, mein Herr, ich bitte Sie, ich werde doch einen Bart von einer Laus unterscheiden können!
Er Bohemiens haben Bärte.
Sie Ja, da haben Sie schon recht. Ich kenne einen solchen.
Er Mit einem Minderwertigkeitskomplex.
Sie Das weiss ich nicht –
Er Aber ich weiss es! Leute mit Bärten haben immer Minderwertigkeitskomplexe. Mittels des Bartes verstecken sie sie.
Sie Sie haben lange Finger – sind Sie Künstler oder Thurgauer?
Er Madame, ich verdiene mein Brot mit ehrlicher Arbeit.
Sie Mörder haben schlanke Hände –
Er Ich wohne in Lausen –
Sie Was hat das damit zu tun?
Er Mörder wohnen nicht in Lausen! In Lausen ist gut hausen!
Sie Ist dies der Weg nach Uster?
Er Ich habe Sie gewarnt, Madame!
Sie Leben Sie wohl, mein Herr –
Er Mit Vorurteilen lebt es sich immer wohl!

1964 | **Opus 3**

Dialog in der Fremde

Sie und Er, Touristen im fremden Land, begegnen sich.
Beide mit einem Sprachführer in der Hand.

Sie   Bitte, mein Herr, können Sie mir die Uhrzeit sagen?
Er   Das Wetter ist schön, beständig, gut, wolkig.
Sie   Diese Ruinen sind malerisch, finden Sie nicht auch?
Er   Wie geht es Ihnen?
Sie   Einigermassen, danke.

Er   Oh – haben wir uns nicht voriges Jahr im Seebad kennengelernt?
Sie   Welche Überraschung, welche Freude, wie peinlich, wie süss!
Er   Dieser Strand ist voller Mücken, Bremsen, Fliegen, Heuschrecken –
Sie   Skorpione!
Er   Skorpione.

Sie   Ich möchte einen Suppenwürfel und eine Rolle violetten Zwirn.
Er   Wozu?
Sie   Mir ist ein Strumpfband verrutscht.
Er   Haben Sie ein ruhiges Doppelzimmer mit allem Komfort?
Sie   Nein danke, jetzt nicht, aber vielleicht später!
Er   Es gibt Cannelloni mit Bologneser Tunke!
Sie   Wie interessant das alles ist!

Er   Darf ich mit Ihrer Frau Mutter einen Walzer tanzen?
Sie   Oh, Sie tun mir wirklich einen grossen Gefallen, sind zu liebenswürdig,
      sollten nicht soviel Umstände machen!
Er   Aber nein doch, es ist gar nichts, fast nichts, überhaupt nichts,
      nicht der Rede wert!
Sie   Würden Sie mir die Wasserflasche reichen?
Er   Ihr Vorschlag ist sehr verführerisch! Diese Schuhe drücken,
      haben Sie nicht ein anderes Paar?
Sie   Wenden Sie sich nach links und dann geradeaus über die Brücke,
      mein Herr.

Er   Oh – haben wir uns nicht voriges Jahr im Mausoleum getroffen?
Sie   Ich lebe zurückgezogen.
Er   Nana, nun übertreiben Sie aber!
Sie   Sie haben recht, verzeihen Sie gütigst!
Er   Ohne Sie beleidigen zu wollen: Darf ich Ihnen etwas Geld leihen?
Sie   Sie sind ganz Ihr Vater!

Er   Darf ich Sie heute abend verführen?
Sie Aus!
Er   Wie bitte?
Sie Aus-führen!
Er   Bei mir steht ver-führen.
Sie Das ist die schwedische Ausgabe.
Er   Bitte greifen Sie zu!
Sie Sie sind ein Schelm, ein Spassvogel, ein Bonvivant!

Er   Oh – haben wir uns nicht voriges Jahr in den Katakomben getroffen?
Sie Können Sie mir die Uhrzeit sagen?
Er   Das Wetter scheint beständig –
Sie unbeständig –
Er   nasskalt –
Sie welche Hitze –

Er   Empfehlen Sie mich Ihrem werten Gatten!
Sie Guten Tag, mein Herr, meine Dame, meine Herrschaften, gnädiges Fräulein!

Er   Ganz meinerseits!

1964 | **Opus 3**

Juchheissassa!

Juchheissassa! Aufs Velociped
und hinaus in die Ferne im Hui!
Und wenn dann der Wind in die Röcke weht,
so sieht man das Knie – pfui, pfui!

Juchheissassa! Aufs Velociped!
Wir radeln über Stock, über Stein,
das Unterholz lockt zum Tête-à-tête,
da gehör ich dann dir ganz allein –

> Du hältst meinen Kopf an männlicher Brust.
> Ich halte an mich, oh, ich hätt nicht gemusst –
> Du hältst mich im Arm und es dunkelt im Tann
> und Mutter Natur hält den Atem an –

Juchheissassa! Es flattert das Haar,
es rollen die rostigen Räder!
Die Luft war so rein wie dein Herz es war,
und rund um uns sah man kein anderes Paar –

Doch sechzig Jahre später...

Da rollen Räder millionenweise
da stinkt dir schon die allerkleinste Reise,
da stopfst du Wattepfropfen in die Ohren,
da dringen die Motoren durch die Poren.
Verstummt ist Bachgeriesel,
und die Düfte
linder Lüfte
sind seit längerem geschwängert vom Herrn Diesel.

Da kannst du lang im Unterholze sitzen,
das Unterholz ist voller Rollerfritzen.
Und ringsherum, wo einst Natur vorhanden,
campieren und picknicken die Verwandten.
Und du schaust voller Grausen,
wie statt Musen
an dem Busen
der Natur nun die Kulturbanausen hausen.

Juchheissassa in Wasser und Sand!
Die Wellen, sie erglitzern wie Gold,
du streicheltest sanft mein Badgewand,
oh, das hättest du nicht gesollt –

Ich sprang dir davon und rief scherzend um Hilf!
Du stürztest mir nach und fielst in das Schilf –
Und später da spielten wir Seeungetüm –
Im Schilf hing vergessen dein Badekostüm...

Juchheissassa! Es lächelt der See
voll Kinder und Tanten und Väter,
das Wasser war rein wie mein Herz es war,
bei Neptun zu ruhn war wunderbar –

Doch sechzig Jahre später...

Da stinkt es schon auf sieben Kilometer
nach Seifenlauge, Soda und Salpeter.
Da schwimmen wir, um nicht grad zu ersticken,
wies auch die Fische machen, auf dem Rücken,
und mancher denkt beim Tunken
zwar mit Mühe:
Diese Brühe
hab ich sicher schon verschiedentlich getrunken...

Oh, lass mich nicht allein, weil ich dich brauche!
Ich tauche bis zum Bauche in die Jauche –
Du schwimmst wie Neptun durch die Chemikalien
und teilst mit starken Händen die Fäkalien –
Und tauchst du aus der Schicht,
lacht ein Auge
in der Lauge
gross und ölig – doch das deine ist es nicht –

Juchheissassa! Wir habens fürwahr
viel weiter gebracht als die Väter!
Unser Herz ist so rein, unser Sinn so klar –
Und findet der Nachwuchs, das sei nicht wahr –
das interessiert uns wenig bis gar
nicht, sechzig Jahre später!

1964 | **Opus 3**

Das Märchen vom Baum

Es war einmal ein Baum,
ein Baum so alt wie keiner im Wald,
ein Baum so stolz – aus bestem Holz,
man sah den Wipfel kaum,
so gross war der Baum –

Es war einmal ein Baum,
der schönste Baum wars weit und breit;
und wenns im Winter Kleider schneit,
dann brauchte er vom Schneider
das allergrösste Kleid –

Wie grün aber war er im Sommer, im warmen!
Da stand er mit weit ausgebreiteten Armen.
Auf seinen Ästen, da wimmelts von den besten
Pirolen und Dohlen und anderen Gästen,
in jeder Gabel sass irgend ein Schnabel,
und Eichhorns hatten
im Blätterschatten
ein Weekendhaus
mit allem Komfort
auf dem dreissigsten Ast gegen Nord.

Es war einmal ein Baum,
ein Baum so schön wie keiner im Wald,
ein Baum so stolz, ein Baum so alt,
ein Baum – ein Baum – ein Baum –
Ein Traum von einem Baum!

Doch eines schlimmen Tags,
da kamen Mannen, die machten an Tannen,
an Ulmen und Eichen farbige Zeichen,
und das letzte Zeichen galt
dem schönsten Baum im Wald ...

Und als sie ihn fällten, da gellten die Dohlen:
Die Menschen, die soll doch der Habicht holen!
Als sie ihn fällten, zerschellten der Gäste
kunstvolle Nester im Geäste –
Es krachte und splitterte, alles erzitterte,
Vögel kreischten,
Rehe erbleichten,
und Eichhorns meinten
schreckensfahl:
Diese Aussicht gibts nicht noch einmal!

Die Männer standen
staunend am Stamm,
am Stamm des Giganten,
dann packten sie an –
Sie schnaubten,
entlaubten,
schwitzten
und spitzten,
hackten
feste,
knackten
die Äste,
sägten,
zerlegten,
schlugen
und trugen
die Blöcke auf Wagen,
und fort gings mit diesen –
Die Amseln und Dohlen
und Eichhorn und Reh
winkten verstohlen
dem dividierten Riesen
ade!

Es war einmal ein Baum.
Gekocht, gemischt, genetzt, gewalzt
ergab er für den Städter jetzt
dreitausend Morgenblätter
zu 16 Blatt gefalzt.

Es war einmal ein Baum.
Auf seinen neuen Blättern stand
in fetten Lettern allerhand,
was er sich nie im Traum
geträumt – als Baum!

Er dachte zurück – und schüttelte die Titels –
an die Waldeszeit, wo er nichts von den Beatles,
nichts von Mirage und Millionenverlust,
nichts von de Gaulles Grössenwahnsinn gewusst –
Jahrzehnte verschlief er – jetzt aber sah er,
wieviel informativer
und wirklichkeitsnaher
als Waldeslust
und Tandaradei
ein Leben im Blätterwald sei!

Es war einmal ein Baum.
Er fand sich mächtig wie noch nie.
Er trumpfte auf, posaunte, schrie,
beherrschte schon die Stadt –
da kam das Abendblatt.

Und plötzlich war er morsch bis ins Mark,
denn alles, was im Innern er barg,
war überholt und vorbei:
Die Politik, der Handelsteil,
die Börsenkurse – alles war feil
und jedermann einerlei.
Wo war sein Stamm, von Kraft geballt?
Ein Leitartikel war jetzt sein Halt
und der schon alt und vergessen –
Wo war sein Geäst, im Stamm verkeilt?
In Millimeterzeilen zerteilt
und von Grundstückparasiten zerfressen –
In seinen zerknitterten Blättern pennten
statt Amseln und Drosseln Zeitungsenten
und der Inserenten verlochte Gelder –
Und auf der zweitletzten Seite stiess
er auf einen Aufruf, und der Aufruf hiess:
Rettet unsere Wälder!

Es war einmal ein Baum,
ein Baum in Form von Altpapier,
gerade recht noch für den Müll.
Im Traum, da sah er Wald und Tier
und sehr viel Chlorophyll –

In eins seiner Blätter mit dem Fussballresultat
verpackte die Gemüsefrau den Kopfsalat.
Mit sieben Blättern Innenpolitik und Leserfragen
hat jemand seinen Kehrichtkübel ausgeschlagen.
Den Briefkastenonkel, den warf man gleich weg.
Die Schachspalte galt
einem anderen Zweck.
Und ein Clochard deckt
sich zu guter Ruh
am Bellevue mit der Filmbeilage zu.

Das letzte Blatt aber
hat jemand verbrannt,
und der Wind, der wehte
die Asche aufs Land,
und fern von Zeit
und fern von Raum
entstand
ein neuer
Baum.

Es war einmal ein Baum.
Er reckte seine Äste weit,
er trug das schönste Blätterkleid,
weit blickt er über Hast und Zeit,
weit über Menschenleid und Neid –
für ihn sind Jahre Stunden kaum.

Es war einmal ein Baum ...

1964 | **Opus 3**

Wiegenlied

Schlaf mein Kind,
draussen rieselt Regen.
Schlaf mein Kind,
draussen weht der Wind.
Schlaf nur ruhig, Kind,
weil wir ja gegen
Regenfall recht gut versichert sind.

Schlaf mein Kind,
denn auch gegen jeden
Schicksalsschlag
sind wir voll gefeit.
Schlaf nur ruhig, Kind,
selbst Hagelschäden
oder Krankheit tun uns nichts zuleid.

Wirst du es uns einmal danken,
dass wir dich so sorgend umhegt?
Papi musste seine ersten Franken
schwer verdienen. Deine sind auf Banken
und in Wertpapieren angelegt.

Du sollst nichts, wirklich nichts missen.
Haben wir für dich auch nicht viel Zeit,
haben wir dafür ein gut Gewissen
dank Papas Versicherungspolicen –
Alles ist für dich bereit!

Schlaf mein Sohn,
einst wirst du benieden –
Jeder Wunsch
ist erfüllt im Nu –
Schlaf nur ruhig, Kind,
und träum in Frieden –
Vaters grosses Portefeuille deckt dich zu –

Schlaf in tiefer Nacht,
trotz Wind und Regen.
Vaters grosses Portefeuille wacht ...

1964 | **Opus 3**

Modern Times

Das Duett des Schlagersängers mit seiner Angebeteten:

Er Claudina – dein Teint ist zart und wunderbar
Sie it's plastic!
Er Claudina – der Duft von deinem blonden Haar
Sie it's plastic!

Er Weisst du, dass deine Locken knistern im Dunkeln?
Sie it's plastic
Er Weisst du, dass deine Augen beim Küssen funkeln?
Sie it's plastic
Er Ein Kuss von deinen Lippen schmeckt so fantastic
Sie nach plastic
Er Das Klimpern deiner Wimpern tönt bisweilen
Sie nach Nylon!

Er Claudina – wenn du mir lächelst, blitzt soviel
Sie Polyvynil
Er Claudina – was ist das, was du an dir hast...
Sie Thermaplast
Er Claudina – deine Figur wird von Tag zu Tag knapper
Sie it's rubber
Er Du bist hinten und vorne so sexy
Sie it's plexy!

Er Claudina –
    tanz ich an deiner Seite weiter
    in das Glück
    Fühl ich mich wie ein Vorarbeiter
    in der Styroporfabrik
    Claudina – ich möcht der deine werden
    Nimm mich zum Mann
    respektive
    zum Kunststoffexperten
Sie Aber ich hab doch schon einen!
Er Ich bring ihn um!
Sie Aber doch nicht so hastig,
    das geht doch nicht –
Er Warum?
Sie Er ist doch aus plastic!

Sie   Ich hab einen Mann aus plastic
den versorg ich tagsüber im Schrank
der plasticman wird mir nie lästig
nie gspässig, nie hässig, nie krank
Der kommt nie zu spät nach Hause und sagt
«Was gits hütt z Ässe, wider öppis Verbrännts...?»
Der ruft nie von auswärts an und klagt
«Chume nüd hei, han e Konferänz»
Der ist praktisch und braucht keine Zügel
der riecht immer angenehm frisch
Wenn Besuch kommt, nehm ich ihn vom Bügel
blas ihn auf und setz ihn an den Tisch.
Da sitzt er dann stumm
und blickt grad so dumm
wie ein richtiger Mann,
und ödet dich an
doch erzählt er weder Witze noch Zoten
und auch keine WK-Anekdoten
Er ist weder Raucher noch Jasser
und wird nicht mit 40 schon fett –
Abends füll ich ihn mit Heisswasser
dann wärmt er mir das Bett.

Er   Claudina, hast du nicht
noch eine Schwester...?

Sie   Oh doch –
eine aus Polyester.

1964 | **Opus 3**

Urwaldmelodie

Es gab Zeiten,
da sah man unsereinen
mit kurzen, krummen Beinen
in Vereinen
durch die weiten
Steppen sausen –

Es gab Zeiten,
da sah man mit Vergnügen
uns durch die Äste fliegen
und beim Liegen
uns die breiten
Rücken lausen –

Gingen wir in den Revieren spazieren,
taten wir es ungeniert auf allen Vieren,
ohne Lockenwickler, Sockenhalter, Hemden –
Niemand schalt uns, weil wir uns nicht kämmten
oder weil wir in Gesträuchen
wie gewöhnt,
ausgeschämten
Bräuchen
gefrönt ...

Wärs nicht schön,
wärs nicht schön,
zurück in den Urwald zu gehn!
Wärs nicht fein,
wärs nicht fein,
wieder ehrlich ein Affe zu sein!

Es gab Zeiten,
da sah man unsereinen
hantiern mit Feuersteinen,
auf zwei Beinen
aufrecht schreiten
übern Etzel –

Es gab Zeiten,
da schwangen wir die Keulen
und schlugen unter Heulen
blaue Beulen
auf die Scheitel
fremder Fetzel –

Nächtlich sassen wir ums Feuer und rissen
von den Mammutknochen riesenhafte Bissen,
und dann packten wir die Weiblein ohne Hemden –
Kein Neanderthaler äusserte Befremden,
weil in Höhlen und Gesträuchen,
wie gewöhnt,
ausgeschämten
Bräuchen
man frönt...

Wärs nicht schön,
wärs nicht schön,
zurück in den Urwald zu gehn!
Wärs nicht fein,
wärs nicht fein,
wieder ehrlich ein Buschmann zu sein!

Zwar auch heute
kann man sich nicht beklagen,
anstatt durch Steppen, jagen
wir im Wagen
durch die Meute
nach der Beute –

Wir verkehren
selbander ohne Zieren
in schieren Buschmanieren
und marschieren
geistig gern
auf allen Vieren –

Und vor allem in der ganz intimen Sphäre
wären die Pygmäen Zwerge, pubertäre –
Was bei uns sich tut in Sachen Stiptease-Streifen,
müsste jeden Zulukaffer tief ergreifen –
Vor den vielen literarischen Nudisten,
vor den Tiefdruck-Werbe-Exhibitionisten,
vor Kiosken voller Schenkel, Busen, Lippen,
muss der stärkste Buschmann aus der Palme kippen,
weil hier, zwar nicht in Gesträuchen,
nein, an Offenheit gewöhnt,
ausgeschämten
Bräuchen
man frönt...

Wärs nicht schön,
wärs nicht schön,
zurück in den Urwald zu gehn!
Wärs nicht fein,
wärs nicht fein,
wieder ein
Neandertaler
zu sein!

1964 | **Opus 3**

Da gab's eine Dame in Naters
Eine Freundin des Heimattheaters
Je mehr Tote pro Stück
Desto grösser ihr Glück –
(Sie war die Gattin des Leichenbestatters)

Da traf einen Herrn aus Luzern
Der Blitz – wer hat das schon gern? –
Der Herr schimpft ganz bleich:
Ich werd' mich doch gleich
Beim Elektrizitätswerk beschwern!

Da gab's einen Herrn in Arosa
Der sammelte gern Kuriosa:
Einen Rahmen ohne Klee
Einen Daumier in spe
Oder Hölderlins Gedichte in Prosa

Da sass eine Dame aus Saas
Im Zelt eines Maharadschahs
Ehe sie sich's versah
Stand der Schah auch schon da –
Da geschah's! Fern von Saas! – Aber was?

Drei Herren aus Terzen mit Karten
Die harrten auf den Vierten in Quarten
Der Vierte jedoch
Sass in Quinten im Loch –
Da kann man in Quarten lang warten

Da gab's einen Herrn in Zernez
Der fuhr Fiats, Kadetts, Chevrolets
Eines Tags, nur zum Plausch
Fuhr er mit einem Rausch –
Seither fährt er nur noch Trottinetts

Zwei weitere Bürger aus Quarten
Die taten gar jahrelang warten
In Lauch und in Möhren
Doch die zwei gehören
Zur Familie der Zwerge (der Garten-)

Da gab's einen Forscher in Bramen
Der bastelte künstliche Damen
Wobei ihm die vierte
Zum Teil explodierte
Jetzt bastelt er keine mehr. Amen

Da gab's einen Herrn in Le Havre
Der war punkto Diät ganz ein Braver:
Ein Biskuit nur ass er
Dazu ein Glas Wasser
Und zum Dessert ein Filet au poivre

Limericks zum Zweiten

Da gab's einen Arzt in Marthalen
So einzig, er war kaum zu zahlen
Ein wirklicher Maître!
Wenn er nähte, dann näht'er
Nur in Zierstichen mit Initialen

Da rief Fräulein Frei von der Forch
Ihrem Alfons zu: Alfons, du, horch!
Etwas biss mich ins Bein
Was kann das wohl sein –
Warst du's, oder war es ein Storch?

Da tanzt Mme Meier aus Payerne
An allen Wohltätigkeitsfeiern
Zum Ärger von Meiern
– er sitzt wie auf Eiern –
Sehr bleiern den Tanz mit den Schleiern

Da gab's den Herrn Amrein aus Stein am Rhein
Der fischte tagaus und tagein am Rhein
Er fischt immer weiter
Dabei hat doch leider
In Stein am Rhein kein Amrein Schwein am Rhein

Am Nil sass die Phyllis aus Zillis
Weil's am schönsten am Nil im April is
Auch dem Baumstamm des Nils
Wo sie sass, dem gefiel's
Weil der Stamm nämlich ein Krokodil is

Da gab es im Tale von Eifisch
Einen Herrn, der schwamm wie ein Bleifisch
Doch im Meer, letztes Jahr
Da schwamm er wie ein Star
Denn knapp hinter ihm schwamm ein Haifisch

Da fanden Hetären aus Derendingen
Die im Wald auf die Suche nach Beeren gingen
Statt Beeren einen Bären –
Mit Hetären zu verkehren
Gehörte für den Bären zu den schweren Dingen

Da fror eine Dame aus Klosters
So sehr, dass sie mittels des Toasters
Sich rundum im Nu
Wieder wärmte, dazu
Trank sie drei Liter besten Defrosters

Plakat   Michael und Luzzi Wolgensinger

Uns gehts gut!

1. Stimme	2. Stimme
Gottseidank	
Gottseidank	
Gottseidank	Gottseidank
Gottseidank	Gottseidank
Gottseidank	ausgezeichnet
Gottseidank	unerhört
ausgezeichnet	geht es uns
unerhört	geht es Ihnen
geht es allen!	geht es allen!
	Das ist ungeheuer
wie ein Brand	
wie ein Feuer	
frisst der Wohlstand sich	frisst der Wohlstand sich
durch das Land	durch das Land
	Tag und Nacht
angefacht	
von dem Wohlstandswind	
	immer frischer
	immer neuer
Es geht gut	
es geht besser	
es geht toll	
	wundervoll – voll – voll!
wundervoll	volle Fässer
wundervoll	volle Keller
wundervoll	volle Teller
wundervoll	voller Schrank –
Gottseidank	Gottseidank
Gottseidank	Gottseidank
Gottseidank	ausgezeichnet
Gottseidank	unerhört
	geht es uns, Ihnen, allen
es geht gut	es geht gut
es geht besser	es geht besser
es geht toll	es geht toll
wundervoll –	
Gabel, Messer und Tranchier-	drei – vier:
besteck seis Panier!	Gabel, Messer und Tranchier-
	besteck seis Panier!
	Und ein Bier
und ein Dôle	
	und ein Gin mit Williamine
	Vitamin
	Cholesterin
Kalzium	
für die Knochen	

	Proteine
Minerale	
	Kalorien
	kaltgepresste
saure Wochen	
frohe Feste	
	(immer feste
	ist das beste)
das ist ungeheuer	das ist ungeheuer
wie ein Brand	(und so teuer
wie ein Feuer	und so teuer!)
wie ein Sturm	
Jedes Jahr	(Und die Steuer
ein neuer Wagen	und der Wagen
	und der Wurm!)
Und das Ritterschloss in	
Frank-	
	reich
Gottseidank	
	reich
Gottseidank	
	reich ist, wer hat!
Ausgezeichnet	Unerhört
unerhört	ausgezeichnet
geht es uns, Ihnen, allen	geht es uns, Ihnen, allen
	nimmersatt
nimmersätter	
	immer fetter
wird der Städter –	
Der Gewinn	
zeigt sich am Kinn	
	und der Wohlstand
	am Alkoholstand –
Fort mit dem Kreuz	Fort mit dem Kreuz
mit dem alten!	mit dem alten!
	Unser neues Wappen
	zeigt den Hängebauch, den schlappen
mit gekreuzten Nackenfalten	
Unser Schönheitsideal	Unser Schönheitsideal
wie ein Aal	ist nicht schmal
rank und schlank, nein!	ist nicht schlank, nein!
Das Idol ist der Apoll	
mit dem Sex auf der Bank!	
Es geht gut	Gottseidank
Gottseidank	es geht besser
es geht toll	Gottseidank
wundervoll – voll – voll!	wundervoll – voll – voll!

1966 | Opus 4

Keul, der Kuckelfetz

Nie vergess ich die Nacht, in der Keul, der Kuckelfetz, auftütete. Draussen kieste es wie aus Konfekten, und der Storm knatschte gegen die Ladenhüter. Es war eine überreife Nacht.

Da – ein Knarr, ein Zwetsch, ein Gerinnsal den Kamin hinunter, und ein vorflutliches Gewesen schopfte fozzelnd durch den Salon. Keulsum kuckelfetzque – quetschte das miefe Huckelpack – nebu kadnezar quinquies!

Das Grauen stieg mir ins Gestirn und beutelte meinen ganzen Hanf. Weiss wie ein Leichtun schlabberte ich: Fert, fert – Saturnas – verschleiche! Doch der kaffke Septembrio hubbelfiezte hämoglobinisch, kesselte in einem Nebensatz mir auf die Brest und kochte: nei semel hegedüs, dönerlikebap! Ubi bene, ibi Paprika!

Der Storm klickte ums Geschlösse und schnappelte an Fünster und Teeren. Das Säbelross beulte dreizehnmal – da verknobelte ein Geblatz die stierene Idylle – und der Fetz verbiss schaumend sich ins Gewölle.

Nie vergess ich die Nacht, in der Keul, der Kuckelfetz, auftütete…!

1966 | **Opus 4**

das ding

eine literarische lesung

ich geh über die strasse und was seh ich: ein ding · klein · mittelrund · eher gross · und eckig · und rosa · mit einem stich ins hellblau-grünliche · kurzum: grüngelb · wie diese dinge zu sein pflegen ● der erste gedanke: polizei · funkstreife · telefon 17 oder 29 40 11 · dann aber · das ding beizt hilflos · oder beuzt es · beizen oder beuzen · was tuts um diese zeit · kein mensch weit und breit · 7° celsius im hausschatten · mondaufgang 08.16 · was tuts · tatsächlich ● das ding beuzt erneut · barzt nun auch · beizt gar · pinselt leise · ich hebe es auf · menschen in mengen · mongoloid und frierend · blicken mit vom schlecken geweiteten pillpuppen · oder geweitet vom schrecken · oder mit schreckenpupillen – was tuts? · ein weib · oder ists ein hermaphrodit · nein ein gartenzwerg ists · einer von der treuherzigen sorte · aus der familie der sumpfzwerge · nanus paluster turicensis · ruft lauthals: weg mit dem dong · nicht ding · nein dong · das i · wie jeder weiss · existiert im idiom des sumpfzwerges nicht · wird zum o · weg mit dem dong ruft er · schwenkt dabei zierlich sein gerötetes züpfelmitzchen · mitzelzüpfchen · mitzchen oder züpfchen · was tuts · sein zwargenbert bargenzwart knostert loblich im wond ● ich trage das ding sorgsam zur städtischen wache · der kommandant · blaubehelmt · von grauen geschüttelt · graublau im gesicht · bellt: weg mit dem ding ● ich trage das ding · klein · mittelrund und eckig · letzteres besonders an den ecken · sonst wie gesagt rosa · trage es klammfingrig zur sanität · zur nachtapotheke · zum redaktor im dienst · ein ruf verfolgt mich · hetzt mich durch necht und nabel: weg mit dem ding · mit dem dong · mit dem blaugrauen ● ich eile zitternd nach haus · eine kameliendame winkt · dromedare schaukeln flusswärts · der hausmeister äugt ohne arg · doch wöhnisch · und schischkebabheischend · aus seiner loge · sieht das ding · schreit: weg damit · ich sperr es in den kühlschrank · breche zitternd zusammen · schlachze · schlechze · schluchz auch dann und wann · doch das ding lässt mir keine ruh: es ist überheizt · beizt es · oder beuzt es · ich will in dein bett ● grauslich, grässlich, greulich grassts im weissen linnen · nanus paluster der sumpfzwerg · lenzt durchs fenster · oder ists der enzensberg, der sumpft · was tuts · ich ingeborg mir eine hacke · haue zackig · huckepack · frau holle schmunzelt · zerhacke kühl bett, schrank, kasten, tür · bettkasten, kastentür, kühlschrank · das ding · zerfetzt · beuzt beizt balzt · der sumpfzwerg · mit flatterndem schnarrburt · die mützelzipfe umgetauscht gegen den blaugrauen helm · schwenkt die jangszwacke · zolibei · manschmessen · schellhanteln · genauer: polizei · messhanteln · schallmenschen · ganz genau: handmassen · polizeimenschen · schall ·
und ich ·
und das dong ·
pardong:
das ding ●

1966 | Opus 4

Der grosse Frass

Erinnern Sie sich an den grossen Frass
im Jahre des Wurms?
    Oh Graus und Entsetzen!
    Auf Strassen und Plätzen
    hört man die winzigen Kiefer
    wetzen –
Erinnern Sie sich an den grossen Frass
im Jahre des Wurms?
    Oh, spitzet die Ohren!
    In allen Motoren
    hört man das Ungeziefer
    bohren –
Jedermann sah es
gesträubten Haares.
    Oh, grässlich war es!
Und schockartig schnell
geschahs –
Erinnern Sie sich an den grossen Frass
Anno Vermicelle?

Ja das –

Das war der schlimme Autowurm,
Zeus möge ihn verdammen.
Dank ihm brach wie ein Kartenturm
der Stadtverkehr zusammen.

Woher er kam, wieso und wie,
der Gast, der ungefragte?
Genaueres erfuhr man nie,
er kam und sah und nagte.

Er nagt sich durch die Stadt, der Schuft,
wie eine grause Seuche.
Was er benagt, hat ausgepufft,
so streng sind seine Bräuche.

Vor den zum Parken markierten Gevierten
in Strassen und Gassen
da standen die Massen
und starrten und stierten
und konnten s nicht fassen –

Die Wagen, die herrlich lackierten, verzierten,
sie knackten beim Schalten,
zickzackten beim Halten
und kriegten beim vierten-
mal Stoppen schon Falten.

Ob Opel oder Cadillac,
ob Winterpneus, ob Speichen,
was Räder hatte, ward zum Wrack,
es war zum Blecherweichen!

Es nützt kein Gift und kein Gewehr
und kein Insektizid,
bald existiert kein Auto mehr
im ganzen Stadtgebiet.

Der Wurm, er legte alles lahm,
er wurde dick und böse,
und ab und zu frass er ein Tram,
mitsamt der Billeteuse.

Die Polizisten, die sonst so vermissten,
sie standen verloren
und winkten wie Toren
ganz sinnloserweise
und weinten leise –

Auf Trottoiren, auf Strassen, an Ecken,
da spielten die Kleinen
mit fliegenden Haaren
ohne Angst, überfahren
zu werden, Verstecken –

Die Städter standen stumm und steif
und wussten nicht, was tun.
Kein Mensch sprang auf den Zebrastreif
wie ein verschrecktes Huhn.

Kein Auto stank, kein Auspuff knallt,
wie konnt es sowas geben!
Und niemand starb auf dem Asphalt –
welch unnatürlich Leben!

Doch Menschengeist, das ist bekannt,
lässt nie sich unterjochen,
weshalb man Blech und Stahl erfand,
von keinem Wurm zu lochen!

Erinnern Sie sich an den grossen Frass
im Jahre des Wurms?
    Oh Glück und Entzücken!
    Die Autofabriken
    konnten die wurmigen Lücken
    flicken –
Erinnern Sie sich an den grossen Frass
im Jahre des Wurms?
    Oh Jubelgesänge!
    Beglückt liess sich die Menge
    durch das Verkehrsgedränge
    drücken!
Oh, herrlich war es!
Wieder alles beim alten!
Welch wunderbares
Gefühl, wieder schalten
    und walten
    und warten
    und starten
    und halten
    zu dürfen
    ohne Wurm im Gestell oder Tank –

Erinnern Sie sich an den grossen Frass
Anno Vermicelle?

    Vorbei!
    Gottseidank!?

1966 | Opus 4

Der Computer

Die Bauern hatten einen Computer
bestellt zum Mähen, Säen, Heuen –
Das Neuste vom Neuen.
Er war neuer, nicht nur neu.
Er war teuer, nicht nur teu –
(A computer is not a toy!)

Man hatte einen Computer bestellt
und ihn beim Bauernhaus
mit Blick aufs Feld hinaus
aufgestellt, eingestellt
und gefüttert –

Denn Computer,
as everybody knows,
muss man füttern wie Vieh,
nicht bloss
mit Heu oder Strau
(A computer is not a cow!)

Nein – mit Normen und Daten,
mit den Formen von Tomaten,
und, dreimal dürfen Sie raten,
der Aussaat von Saaten –

Mit, tönts auch ganz albern,
Begriffen wie «Kalbern»
und «Rüben» und «Raps»
und «Williamsschnaps».
Mit ganzen Programmen,
mit jedem Problem:
Ob die Kaninchen von Bienchen abstammen
oder von wem –
Mit Material voll Mist und Kompost:
Wie man mäht,
wie man kräht,
wie man Äcker beackert
und – last but not least –
das Geheimnis der Brunst,
wie das Tier heisst, das gackert,
und jenes, das grunzt.

Als sie ihn also gespiesen hatten,
harrten die Bauern
an des Computers Mündung
fortschrittsgläubig
der Verkündung.

Das erste Ergebnis war zwar noch bitter:
Eine Herde Ratten,
hiess das Resultat,
gibt pro Stunde hundert Liter.

Die Leut rundum
standen baff und stumm,
dann fütterten sie den Computer erneut.

Eine Kuh, war die Antwort wenig später,
rennt pro Stunde
– ohne Glocke –
250 Kilometer.

Die Kenner von Kühen und deren Problemen
waren verblüfft, das zu vernehmen.
Man wollte wissen, ob bis Sylvester
der Milchpreis sich verdoppeln kann.
Der Computer summte und rechnete dann:
Eine Geiss, gemästet mit Traubentrester,
wirft zwei Eier pro Semester.

Ein Bauer meinte, unter Schütteln des Hauptes:
Wer einen Taler zahlt, der glaubt es!
Doch der Computer fuhr dazwischen, und schneller
als man dachte, summte er: Es heisst nicht Taler,
   sondern Teller,
und ein Teller Bintje-Kartoffelbrei
kostet vier Franken Komma sieben hoch zwei,
aber nur im Mai, denn heuer
ist alles doppelt so teuer
wegen der Mehrwertsteuer.

Der Bauer, unter heftigstem Schütteln des Kopfes,
rief: Wo hat der sein Maul, ich stopf es!
Doch die andern schrien: Defaitist, gib Ruh!
So ein teurer Computer weiss das besser als du!

Die Bauern und Sennen,
ein Herz, eine Seele,
befolgten im folgenden
des Computers Befehle:

Sie säten im Winter mit frierenden Knochen,
mähten im Sommer den Mais bis zum Grund,
melkten die Kühe nur alle drei Wochen
und klopften sämtliche Eier rund.
Sie setzten Kartoffeln im Wald statt im Felde,
und, laut des Computers Befehl, nur geschwellte.
Sie bohrten mehr Löcher in den Käse hinein.
Sie trieben die Schafe aufs Feld, wenn sie schliefen,
jagten den Geissbock aufs Mutterschwein
und kreuzten Aprikosen mit Büchsenoliven.

Der Misserfolg nach einem Jahr
war eklatant und offenbar:
Die Landwirtschaft
versank im Nebel,
die Preise stiegen zu den Gestirnen,
und die Konsumenten,
am Hals den Hebel,
fern von Birnen,
Elektronengehirnen,
Enten und Eutern,
begannen zu meutern –
The Computer wasn't able!

Es war indiskutable:
Er war ein Idiot
mit Kommastellen!
Die Bauern griffen wieder
zu Sense und Gable
und brauchten die eigenen Zellen.
Denn der Mensch
denkt auch selber
in der Not.

Des Computers letzte Kalkulationen
betrafen den Schaden
und die Subventionen:
Sie gingen in die Millionen!
(abzüglich Rabatt,
falls sich die Schachtel
nicht um ein Achtel
oder mehr verrechnet hat.)

Die Bauernsame
schenkte den Schrank
als Dank dem Bund
fürs Militärdepartement.

Dort ist er nun im Element!

Kompromisst
und testet,
summt, summiert,

multipliziert mit vier,

frisst,
wird gemästet
von Ihnen
und mir!

1966 | **Opus 4**

Keine Zeit

Kaum bin ich erwacht,
lieg noch im Bette drin,
überleg ich mir
wie ich Zeit gewinn.

Und dann steh ich auf,
zieh mich nicht erst an,
zog mich nachts nicht aus,
wodurch ich Zeit gewann.

Und die Prozedur
der Rasur im Takt
kombiniere ich
mit dem Frühstücksakt –

Der Kaffee, der schmeckt nach dem Seifentopf,
und die Butter klebt im Pinsel drin.
Aber denken Sie doch an die Zeit,
an die Zeit, die ich gewinn!
Der Honig, der tropft vom Krawattenknopf,
und das Brötchen ist voller Bart.
Aber denken Sie doch an die Zeit,
an die Zeit,
die ich gespart!

Ich diktiere schon,
bin kaum im Büro drin.
Sag nicht Guten Tag,
wodurch ich Zeit gewinn.

Kombiniere das Diktat
mit Geschäftskonferenz
sowie Telefonat
nach New York und Florenz.

Zwar begreift kein Mensch, wovon ich sprech,
und das Ganze ergibt keinen Sinn.
Aber denken Sie doch an die Zeit,
an die Zeit, die ich gewinn!
Das Geschäft in Florenz kriegt die Konkurrenz,
und der Mann in New York denkt, ich spinn.
Aber denken Sie doch an die Zeit,
an die Zeit,
die ich gewinn!

Abends treff ich Sie,
zu der mein Herz entbrannt,
und wir sitzen still
Hand in Hand in Hand.

Und mein Blick, der irrt
über ihre Figur
und fällt voll verwirrt
auf die Armbanduhr –

Was, schon neun Uhr zehn! Ich lass ab von der Maid,
trotz erotisch blendendem Start.
Aber denken Sie doch an die Zeit,
an die Zeit, die ich gespart!
Sie fragt mich zerknittert voll Bitterkeit,
ob ich sexuell belastet bin –
Sie dachte keinen Moment an die Zeit,
an die Zeit,
die ich gewinn!

Bin ich alt und gebückt,
ohne Lust, ohne Freud,
und kein Nachwuchs ist geglückt,
denn die Zeit hat mich gereut –

Ohne Freund in der Not,
dafür hatt ich keine Zeit,
ausser einem, dürr und kalt,
der mir sagt: Es ist soweit –

Halt – halt!

Halt! Ich hab noch viel, noch soviel zugut!
Was fang ich nun bloss damit an –
So denken Sie doch an die Zeit,
die viele Zeit, die ich gewann!
Denn mein ganzes Glück, mein ganzes Gut –
so murmle ich in den Bart –
ja, mein ganzes Glück auf dieser Welt
ist die Zeit,
die ich gespart!

Lied an den Sohn

Wer auf dem Mond wohnt, möchtest du wissen mein Sohn
Und wo die Engel, wenn sie schlafen, die Flügel haben
Wo der liebe Gott thront, möchtest du wissen mein Sohn
Und warum Cowboys schiessen dürfen, aber nicht kleine Knaben –

Wo der St. Niklaus lebt, möchtest du wissen mein Sohn
Ob ein Soldat ins Zuchthaus kommt, wenn er andere tötet
Wieso die Erde bebt, möchtest du wissen mein Sohn
Und ob die Wünsche sich erfüllen, wenn man schön betet –

Dass im Dschungel von Vietnam Bomben auf Bambushütten krachen
Dass in Indien Kinder verhungern und sind doch so klein
Dass es Eltern gibt, die finden's fein
Wenn ihre Kinder die Nigger bespei'n –
Wie soll ich dir denn das begreiflich machen …

Dass die Mütter dieser Welt immer neue Kinder gebären
Während die Väter Waffen erschaffen bis zum bitteren End –
Dass eine Mauer aus Stahl und Zement
Die, die zusammengehören, trennt –
Wie soll ich dir, mein Sohn, denn das erklären …

Wer wohl die Welt dreht, möchtest du wissen mein Sohn –
Soll ich dir sagen: Diktatoren oder Militär…?
Wohin das Geld geht, möchtest du wissen mein Sohn –
Ich weiss nur: dorthin nicht, wo's bitter nötig wär …

Wer auf dem Mond wohnt, möchtest du wissen mein Sohn
Vielleicht schon morgen werden's die Astronauten dir sagen
Wo der liebe Gott thront, möchtest du wissen mein Sohn

Ich weiss es nicht – doch hör du nie auf, danach zu fragen …

1966 | **Opus 4**

Da gab's eine Dame in **B**ern
Die träumte so oft und so gern
Sie sei die Euterpe
Mit Flöte und Schärpe
Und küsse die dichtenden Herrn

Da gab's eine Dame aus **W**ürenlos
Die hatte das Männerverführen los
Sie tat's an den Ecken
Sie tat's in Verstecken
Doch nie tat sie's völlig gebührenlos

Da besuchte ein Alter aus **T**schingel
In Soho ein Striptangeltingel
Und jeder der Damen
Die allsogleich kamen
Erzählte er: Oh I'm so single!

Da wollte ein Filmmann mit **I**deen
Über Sion einen Schweizerfilm drehen
Auf die Frage: mon cher
pourquoi Sion? sprach er:
Weil Sitten-Filme stets besser gehen

Da gab's eine Dame in **A**igle
Die färbte sich Lippen und Nägel
Trank einen Gin pur
Und schrieb an die Tür:
«Sprechstunde ab 18 Uhr tägl.»

Da geht ein **O**rchesterkollege
Aus Eschwege ganz eigene Wege
Er spielt, je nach Laune
Liszt auf der Posaune
Und Brahms auf der singenden Säge

Der Hannes der tanzt in **T**avannes
Mit der Frau eines anderen Mannes
Seine Gattin in Morges
Die denkt, ich besorg' es
Dem Hannes – auch Georges, der kann es!

Da meinte ein Bayer aus **T**rier
Er sei Jungfrau, und nicht etwa Stier
Ein Fräulein aus Wörth
Die das hört, meint verstört
Eher umgekehrt sei es bei ihr

Frau Weiss, eine Dame aus **T**egerfelden
Die speiste im Zelt eines Negerhelden
Zurück von der Reis'
Sprach Frau Weiss: Blacks are nice!
Jetzt will sie mit dem Kaminfeger zelten

Da gab's eine Dame in **S**tammheim
Die kam jeden Tag als Madame heim
Im See nahm Madame
Ein Bad, und so kam
Statt Madame 80 Kilogramm Schlamm heim

Limericks zum Dritten

Eine andere Dame in Stammheim
Die sagte: ich fahre per Tram heim
Meine Freundin in Schüpfheim
Die rät mir zwar: hüpf heim
Doch hüpf ich, komm ich nass wie ein Schwamm heim

Da gab es zwei Witwen in Magden
Die jeden Endvierziger packten
Sie haschen, vernaschen
Den bass Überraschten
Und legten ihn dann zu den Akten

Da hatt' eine Nymphe aus Merenschwand
Als Nymphe an Land einen schweren Stand
Drum fuhr sie per Opel
Nach Konstantinopel
Worauf sie im Marmarameer entschwand

Da schlug einer Jungfer aus Mollis
Ein Unhold vor: Machen wir Schmollis!
Die Jungfer rief, blind
Für den Vorschlag: Sie sind
Hier in Mollis und nicht in den Follies!

Da gab's eine Dame am Albis
Die liebestoll einen General biss –
Seit da ist für Frauchen
Er nicht mehr zu brauchen
Was nützt ein General, der nur halb is?

Ein Maler, der malt in Ostende
Leinwände voll Ufergelände
Mit tummelnden Akten
Katarakten voll Nackten
Und nennt es am Ende «Badende»

Da gab's einen Alten in Gibraltar
Der badete nur jedes Schaltjahr
Das letzte Bad zwar
Das verschob er fünf Jahr
Weil das Schaltjahr in Gibraltar so kalt war

Da gab's eine Dame in Fex
Die hatt' den Entwicklungskomplex
Sie schluckte ein Drittel
Zuviel von dem Mittel –
Jetzt ist die konkav statt konvex

Da verzehrte ein Herr aus Benares
Einen Teil seines Mobiliares –
Im Traum zwar, bei Nacht!
Doch als er erwacht
Da war an dem Traum viel Wahres

Plakat   Vittorio Speich

My Vatter isch grösser als dyne!

Sie   Myn Vatter isch mindestens zwei Chöpf grösser als Dyn
Er   Spinnsch!
        My Vatter goht, wenn-er uf d Zeeche stoht, bis zum Kamin
Sie   Bisch veruckt, glaubsch ja sälber nöd
Er   Wenn-er uf s Dach stoht
Sie   Spinnts-der, mer chan doch nöd uf s Dach stah
Er   Mir hänn halt e Dachterrasse!
Sie   Ou dasch dänn witzig!
        Myn Vatter hät kä Zyt zum Stah, de muess doch a d Sitzig
Er   My Vatter isch digger
Sie   und myn hät en Schnauz
Er   myn isch stergger
Sie   Myn Vatter hät jede Tag im Gschäft de gröscht Ärger
Er   Myn au
Sie   Aber nöd sovill
Er   Myn fluecht als deheim stundelang!
Sie   Myn Vatter kännt aber die wüeschtere Wörter: Verdamm – – –
Er   My Vatter fluecht sicher no besser, denn myn schafft bim Tram
Sie   Myn fahrt mit zwee Wäge
Er   Was meinsch, mit wievilne fahrt myne!
Beide   Myn Vatter isch grösser, isch stercher, isch gschyder als Dyne!

Sie   Myni Muetter isch, wänn-d s wüsse wotsch, e richtigi Dame
Er   Spinnsch!
        Das gits doch nur in de Heftli und in der Reklame
Sie   Klar!
        Myni Muetter die list jedes Heftli, drum isch-si so schön
Er   My Muetter strycht Creme a, so digg, ähnlig wie d Glöön
Sie   Myni Muetter seit, chauf-der en Chueche, mir isch nöd ums Choche
Er   Myni Muetter het öpper zum Glette und öpper zum Bloche
Sie   Mir händ au en Gärtner. Und e Klavierlehreri
Er   Mir hänn zwei Grossmüettere
Sie   Mir feuf Tante. Eini isch usgwanderet.
        Schad isch s nüd d Klavierlehreri gsi
Er   Und ich hane Unggle, dä zeigt-mer was e sältene Stei isch
Sie   Au ich han ein, de chunnt aber nu, wänn de Paps nöd dihei isch
Er   My Muetter het goldigi Hoor
Sie   zäh Perügge hät myni!
Beide   My Muetter isch dopplet so schön und so vornähm wie Dyni!

Er	Bi uns lauft der Radio fascht vom Morge bis Znacht
Sie	Bi eus au –
Er	Mir göhn in de Ferie an s Meer
Sie	und mir uf e Yacht
	Mir händ immer Gescht, da redt-me nach-em Ässe bis spat
Er	Bi uns redt kein nach-em Ässe, nur de Färnsehapparat
Sie	Ich han-es Färnsehbäbi wo chan brünzle und schreie
Er	Und ich ha drei Tangg und e Flugi, wo ka Bömbeli keie
Sie	Aber nöd uf mys Bäbi
Er	Kunnt druffa!
Sie	Susch chunnt dänn myn Vatter
Er	Denn kunnt myne!
	My Vatter het Spägg im Gnigg so digg wiene Schwumm
Sie	Dumm!
	Myn Vatter hät nöd nu im Gnick, de hät de Späck zringselum
Er	Du zeigsch-mer s?
Sie	Was, de Späck?
Er	Spinnsch – s Färnsehbäbi wo ka – weisch jo
Sie	Wenn du mer d Flugi zeigsch mit de Bömbeli –
	He du, haus ab, susch gits grad es Bömbeli uf de Chopf,
	mir händ dänn e Flugi
Er	Wär isch das?
Sie	Nu de Felix. De hät dihei nöd emal Märliplatte! De list d Märli no!
Er	Schnitwohr! Du verschwind, du Unterentwigglete, aber im Nu!

Beide Mir sind grösser und stercher und rycher – als DU!

1967 | **Opus 5**

Ha wider Uffzgi – Rächne!

Der Schulbub liest die Aufgaben aus dem Rechnungsbuch vor:

Der Bauer Supersaxo rechnet
Wenn 1 m² Pflanzland 40 kg Tomaten abwirft, wieviel Hektaren muss er anpflanzen,
damit er die Hälfte in die Rhône werfen kann?
Rechne dasselbe mit Aprikosen.
Überlege: wenn der Bauer sein Angebot der Nachfrage anpassen würde,
wieviel Subvention würde er dabei verlieren?
Der Landwirt Schoch hat 10 Kühe. Er kann alle Milch verkaufen.
Er erwirbt weitere 10 Kühe. Nun hat er schon Mühe, alle Milch zu verkaufen.
Er tut nochmals 20 Kühe zu, jetzt kann er nur noch die Hälfte der Milch verkaufen.
Überlege: was macht der Landwirt Schoch mit der Milchschwemme,
und wer zahlt ihm die Milch, die er zuviel produziert.
Erfinde ähnliche Rechnungen mit Butter und Käse!

Wir gehen in die Stadt
a) Die Verkehrsampel für Fussgänger zeigt 90 Sekunden lang rot und
   dann 10 Sekunden lang grün. Wieviel Fussgänger können an einem Tag
   die Strasse überqueren? Wieviel bleiben übrig?
b) Ein Verkehrspolizist regelt den Verkehr von 12–13 und von 18–19 Uhr.
   Rechne aus, wieviel Stunden er den Verkehr nicht regelt.
c) Der Verkehrspolizist schwenkt in einer Minute 50 mal die Arme.
   Rechne aus, wieviel Arme er hat.

Vom Rechnen mit vielen Nullen
Wenn ein Trambillett 0 Rappen kostet, macht das Tram Defizit.
Wenn das Billett 30 Rappen kostet, macht das Tram Defizit.
Wenn das Billett 50 Rappen kostet, macht das Tram Defizit.
Rechne: Was macht das Tram, wenn das Billett 60 Rappen, 80 Rappen,
100 Rappen kostet?
Wenn das Billett 60 Rappen kostet, braucht das Tram 3 Millionen Steuergelder
für das Defizit.
Rechne: wie viel Steuergelder braucht es in 10 Jahren?
Rechne weiter: was kostet ein Trambillett im Jahre 1978?
Finde weitere lustige Arten die Steuergelder zu verwenden.

Das verstand ych nit!

Ah drum: dasch jo s Rächnigsbuech für d Unterstuefe.

1967 | **Opus 5**

Der Schulbesuch

Die Lehrerin und der Inspektor

Ja Herr Inspäkter dasch aber würkli e Freud dass Si grad zu mir chömed, bitte grad da – *Öffnet Tür. Gebrüll*

Chinde – Chinde losed – s Schnäbeli zue Chinde!
Mer händ da en Bsuech, wo echly chunnt cho luege was mir scho alles glehrt händ – Nikläusli sitz schön an Platz, de Karli tuet ufhöre am Rosmarili umezeere – soseli Chinde, passed guet uf, das da isch de Herr Inspäkter, er gaht i alli Klasse go luege, wie d Chinde tüend schaffe – Alicli chumm underem Bank vüre – wer tuet dänn det hinde dauernd schwätze, de Hanspeter aber aber, tue ä zuelose Hanspeter, mer händ hütt en Gascht bi eus, wo wott luege, wo die beschte Schüeler sind, und drum wämmir alli mitenand – Benno chumm aber jetzt vom Feischtersims abe, so – und drum tüend mir alli – aber Georg, jetzt versorged-mer die Schlüüdere bis zur Pause, wem ghört dänn das Läsibuech wo da am Bode lyt? Chumm tues ufläse Herbertli, und dänn törfsch du au grad afange läse, dänn das interessiert de Herr Inspäkter sicher am meischte gällezi Herr Inspäkter!
Also Herbert, mir läsed Sytte 55 «Das kranke Glühwürmchen» – wer sprützt dänn da immer mit de Wasserpistole, de Konrad, jetzt tüemer ufhöre gäll, jetzt tüemer vom chranke Glüehwürmli läse, das kännt de Herr Inspäkter sicher nonig – wänzi nöd echly sitze Herr Inspäkter – und jetzt tuet de Herbertli – wo isch jetzt de Herbertli? Use isch-er ojeh ojeh, das mues halt au sy – dänn törf's Suseli – Was sägezi? En Ryssnagel häts ufem Stuehl gha, hät emänd eine vo dene Schlingel det äne – meimei! Ryssnegel choschted au Gäld! – Also Suseli – heda, jetzt hämmer doch gseit mer tüend kä Chryde rüehre, Herbertli, s nechstmal tuesch achlopfe bevor d ynechunnsch, gäll – also Suseli, häschs chranke Glüehwürmli? Nei, nüd im Rächnigsbuech – im Läsibuech Suseli!
Ja das gaht z lang, de Herr Inspäkter hät nöd eso vil Zyt wüssed-er, er gaht no i mängi Klass hütt, gällezi Herr Inspäkter – also de Herbertli isch ja wider da – Ornella tue nöd so lutt Znüni ässe – was mached dänn die Vier det hine, det rauchts ja? – nöd zeuserle Buebe! – wer schmeisst dänn da immer Papirchügeli – hät's Si troffe Herr Inspäkter ojeh, das tuet-mer aber leid, ja s sind halt Chinde gällezi!
So jetzt aber echly Rueh, alli dahere luege, Herbertli tue läse: «Das kranke Glühwürmchen» – was häsch? Die Sytte fehlt bi dir? Ja das chunnt halt ebe dervo, wämmer immer Papirchügeli macht – dänn lisisch halt s nächst – was stinkt au eso komisch? – lisisch: «Die Henne auf der Tenne»: «Gackgackgack und Güggerüh. Wer trappelt auf der Tenne?» jawoll guet – und wer trappelt auf der Tenne? Albertli?
Nei nöd de Old Shätterhänd. Die Henne, ganz richtig – jetzt stinkts aber schaurig det hine, jetzt müemer würkli ufhöre Buebe, was söll au de Herr Inspäkter tänke wänns eso stinkt bin-eus, was sägezi, Si müend jetzt sowiso wytter – eh dasch jetz aber schad – aber ebe es git halt no mängi Klass wo wartet, bis de Herr Inspäkter chunnt, also Chinde! jetzt tüen-mer alli ufstah und em Herr Inspäkter Adiö säge, au ihr Vier det hine, was mached-er ä für en Qualm –

Eis – Zwei – Drei...

Eine Explosion füllt das Klassenzimmer mit Rauch – dann hört man die Stimme der Lehrerin:

Ja s sind halt Chinde...!

My Sohn – nimm Platz

Jä my Sohn – nimm Platz – mir hänn do hütt e Gspröch unter 4 Auge –
du wirsch jo jetzt langsam e Ma, und do gits gwüssi Problem, wo Dy Vatter
mit Dir bespräche sott.
Hesch der au schonemol Gedangge gmacht, wohär d Kinder kömme?

    Nei, dasch zue diräggt, i muess anderscht umme afoh –

Du wirsch di sicher au scho gwunderet ha, was d Bine mache, wenn-si in
e Blüete yneschliefe –

    Nei, dasch unklar –

My Sohn, nimm Platz, ich muess mit Dir über's Kinderproblem rede –
    wenn-i nur emol der Afang ha, denn gohts von-ellei –
Wie isch-es denn bi de Pflanze: d Kinder hole sich der Honig – –
d Bine hole sich der Honig und wärde mit – mit Polle bestäubt – –
    vilicht wärs besser mit de Hüehner – aschauliger –
My Sohn, nimm Platz, ich muess mit Dir über's Hüehnerproblem –
über d Hüehner – – Hesch-der au schonemol überleggt, wohär d Hüehner kömme?
Ganz richtig, si schliefe us-em Ei us, und – eh – –
    das goht jo gar nit, jetzt isch jo scho fertig – –
Hesch-der au schonemol überleggt, wohär d Spiegeleier kömme –
    Nei, i muess das kombiniere –

My Sohn, nimm Platz, ich möcht mit Dir über's Eierkriege –
über's Kinderkriege rede – –
Sicher hesch-di au scho gfrogt, was passiert, wenn e Huehn ine Blüete schlieft – –
wenn e Bine us der Blüete schlieft – – –
was aber het der Güggel dodermit z tue – – mit em Huehn natürlig –
mit em Ei eigentlig – –

Telefon

Hallo – ah solli Hans – was? E Jass, hütt Zobe? Jo worum nit – –
was sölli? Der Stäubli? Jo y lütt-em a – guet, am Achti im Leue – tschau Hans! –
Du Hans, los schnäll, Hans – hesch du dy Sohn scho ufklärt? Ah du hesch
gar kei Sohn – jo dasch eifacher. E Tochter hesch? ah ebe, i ha doch gwüsst,
de heigsch irgend e Bine – – irgend e Kind. Wär het denn dört – – dy Frau?
Au mit de Bine – mit de Hüehner und Eier und so? Jä – ebe jo, y ha au dänggt,
i miechs dört dure – s isch am eifachste und aschauligste – guet, bis am Achti –
Gruess an d Hüehner – an d Familie!

So jetzt nonemol, mit Konzentration!
Also: Ich sag öppe:

My Sohn, nimm Platz! Mir hänn do e Gspröch unter Hüehner – unter Männer – –
Es goht ums Problem vo Bine und Güggel – – das heisst, wenn der Güggel
e Huehn bestäubt – – e Bine bestäubt – – Wenn e Bine der Polle bestäubt –
Herrschaft, wär bestäubt denn wär? – –
Am Stäubli muessi alütte!!

Telefoniert

My Sohn, es goht ums Kind (Halloh? –) und drum, wie d Befruchtig stattfindet – –
Halloh? Bisch du s, Stäubli?
Jä solli Heiri – e Gruess vom Hans und mer mache hütt Zobe e Kind – – e Jass!!
Was? Nei, dasch kei Witz – i bi grad zmittst imene Befruchtigsgspröch –
imene Ufklärigsgspröch, wonich mit mym Sohn sött ha –
jo dasch e Züg: was? Du hesch au eins gha?

Au, du Heiri, sag schnäll, wie goht jetzt das genau mit de Bine und de Polle –
wär befruchtet wär?
Ah der Stämpel!! – Dä hani ganz vergässe! – Natürlig –
uf d Narbe vo der nächste Blueme – klar! Isch jo eifach – –
eigentlig wie bi uns!
Prima, merci Heiri, am Achti im Leue!

Jä my Sohn, mache mer's kurz, denn es isch jo im Grund gnoh ganz eifach:
Wohär kömme d Leue – i mein – eh –
jo d Leue natürlich au – s isch eigentlig Hans was Heiri – also wenn die
e Jass mache – – oder e Kind – –
lueg s Kindermache isch eigentlig kei so Problem:

Wenn zum Bispiel e Huehn en Ei wott, denn isch dört der Stämpel – – eh – –
der Güggel was bi der Bine d Narbe – nei – der Stämpel –
himmelherrschaft isch das kompliziert!!

Eh, s git jo Büecher do drüber, er söll das sälber läse – für mi isch sowiso bald
Zytt zum go stämple – go jasse …

Der Protestsänger

Er kommt mit Gitarre, die er zu stimmen versucht, während er vor sich hin murmelt:

d Wält isch miserabel – aber an uns Junge isch-es, si z verändere – an uns isch-es, z protestiere – mir müen is engagiere für die brennende Problem – Engagement, das isch-es – Protäst – gege d Ufrüstig, gege d Atombombe sötti au emol öppis schrybe – das het jo no Zytt, China isch nonig so wytt – scho wider e Saite putzt – bi de Saitefabrikante sött-me au emol protestiere –

Singt

    Mir protestiere
    Gege jedi Art vo Diktatur
    Gege d Unterdruckig vom Geist, gege d Zensur vo de Literatur
    Aber wenn-me meint, es syg eifach
    z protestiere
    gege die wo regiere in Belgrad, Madrid, und Athen
    Wenn-me meint, es syg eifach
    nachdäm-mers nächstmol wider dörtane in d Ferie göhn
    denn s isch billig und schön –

    Denn muess-me sage, lycht ischs nit
    Nei, lycht isch-es nit
    O nei lycht isch-es nit
    Protestiere isch nit lycht!

    Mir protestiere
    Gege jedi Vorzugsposition
    Gege d Diskrimination vo Huttfarb, Rasse und Religion
    Aber wenn-me meint, es syg eifach
    z protestiere
    gege USA, Arabie, Südafrikanischi Union
    Wenn-me meint, es syg eifach
    z protestiere

    nachdäm mir vo Schliere bis Mältige
    s Hilfsarbeiterproblem
    sälber nit bewältige –

    Denn muess-me sage, lycht ischs nit
    Nei, lycht isch-es nit
    O nei lycht isch-es nit
    Protestiere isch nit lycht!

Mir protestiere
Gege jedi finanzielli Sterkig vo Länder
wo d Freiheit missachte
Gege jedi Unterstützig vo Regierige
wo nach Expansion trachte
Aber wenn-me meint, es syg eifach
z protestiere
gege das, wo das betrifft
wenn me meint, es syg eifach
nachdäm s eigene Gschäft so guet lauft
mit Zucker, wo-me in Kuba kauft
und Maschine, wo-me nach Ägypte verschifft –

Denn muess-me sage, lycht ischs nit
Nei, lycht isch-es nit
O nei lycht isch-es nit
Protestiere isch nit lycht!

Mir protestiere
Gege Konjunkturegoismus und Wohlstandsborniertheit
Provinzialismus und helvetischi Saturiertheit
Aber wenn-me meint, es syg eifach
z protestiere
gege der Kommerzialismus vom hüttige Tällesohn
Wenn-me meint es syg eifach
nachdäm ich 2 Rise mach als Monetslohn
und im Jaguar
an d Safari fahr

Denn muess-me sage, lycht ischs nit
Nei, lycht isch-es nit
O nei lycht isch-es nit
Verdelli, lycht isch es nit, no-no!

Während er die Gitarre, die ihm beim letzten Vers zerbrochen ist, zu flicken versucht, und im Abgang schimpft er:

Scho die zweit Gitarre die Wuche – guet hani morn 2 Engagement, das bringts wenigstens wider yne – Engagement, das isch es! Protäst als Näbebruef! Aber ebe – lycht isch-es nit!

1967 | **Opus 5**

Angst vor-em Kind

Mir hänn Angst – Angst – Angst
nit vor-em Räge
nit vor-em Gwitter
nit vor-em Wind
Mir hänn Angst – Angst – Angst
vor-em Kind

Mir hänn – pscht! – was isch? – Angst
nit so lutt! stille-stille!
Nit vor-em Ungeborene, nei
doderfür hämmer jo gottseidangg d Pille –
Mir hänn Angst – Angst – Angst
kumm mer versteggen-is gschwind –
Angst vor-em Kind!

Er   Wie söll-mes erzieh dass-es Fade kriegt
     und dass-es kei psychische Schade kriegt –
Sie Was machsch, dass-es voll sich entfalte tuet
     und dass-es nöd seelisch erchalte tuet
Er   Wie sinn die pädogogische Haltige
     wo d Libido nit vergwaltige –
Sie Wänn bisch felsehert, wänn weich wie Chleischter?
     Was machsch, chriblets AFF a fremdi Feischter?
     Wänns im Sunntigsstaat veruse gaht, wänns hagle tuet –
     Wänns im Paps syn neue Schrybtisch vernagle tuet –
     Wänns d Zahpaschta meterlang usetruckt...
Er   Denn wird-i VERUGGT!!

Sie Und scho hät de Mäxli
     de Mäxli Bauma
     es Knäcksli
     es Kompläxli
     es Trauma...!

Beide Und wär isch tschuld?
Sie   Du!
Er   Ich?
Beide Mir – hänn Angst – Angst – Angst
      nit vor de Spinne
      nit vor de Schlange
      nit vor de Hünd
      Mir hänn Angst – Angst – Angst
      vor-em Kind!

Sie Wie söll-mes erzieh, dass-es Fade hät
　　　dass' kän psychosomatische Flade hät –
Er 　Was fählt-em wenns ständig am Duume lutscht?
　　　Was machsch, dass' nit ufs andere Trottoir rutscht –
Sie Wie setzisch dich dure, mit Charme, mit Wuet?
　　　damit's nöd kontaktisch verarme tuet –
Er 　Wenn bisch Fründ, Kamerad, wenn bisch Bölima?
　　　Was machsch, rüeft s im Tram: «Lueg dä Löli a»!
　　　Was seisch, kunnt s am Achti statt am Säggsi hei –
　　　Was machsch, kunnt s vom Poschte mit-em Täxi hei –
　　　Wenn s bim Ässe sich d Spaghetti in d Ohre druggt …
Sie Denn wird-i VERUCKT!!

Er 　Und scho het's Rösli
　　　s Rösli Bauma
　　　e Psychösli
　　　e Neurösli
　　　e Trauma …!

Beide Und wär isch tschuld?
Er 　　Du!
Sie 　Ich?
Beide Mir – hänn Angst – Angst – Angst
　　　　nit vor-em Gegner
　　　　nit vor-em Nochber
　　　　nit vor-em Find
　　　　Mir hänn Angst – Angst – Angst
　　　　vor-em Kind

　　　　Hütte wüsste-mir, bruuchsch
　　　　für das Nochwuggstheater
　　　　14 Semester Psychologie
　　　　und zwei Johr Praktikum bim Psychiater
　　　　denn hättsch au kei
　　　　Angst – Angst – Angst
　　　　kumm mer versteggen-is gschwind –
　　　　Angst vor-em Kind …

Kindergeschrei und -lärm, die beiden rennen weg

1967 | **Opus 5**

Gut ist der Mensch

Gut
ist
der Mensch

er mag keinen Streit
er liebt den Frieden
im Grossen, im Kleinen
er ist zufrieden
wenn man ihn hienieden
in Frieden lässt –

Gut
ist
der Mensch

edel und hilfreich auch
immer?
häufig
selten
oft
nie Krisen

nie Kriege
das mag er nicht
der Mensch
der gute
und wenn schon, muss er
  guten Glaubens sein
dass der Krieg guter Grund
  zu etwas Gutem sei –

Gut
ist
der Mensch
auf der besten aller Welten
eine zweite kennt man nicht

Konkurrenz also: keine

begabt mit Vernunft
Ebenbild seines Schöpfers
den keiner je gesehen
Konkurrenz also: keine –

liebt seinen Nächsten wie sich selbst
Sonntag früh, neun bis elf

ist dem Tier weit voraus
das seinesgleichen auffrisst
sinkt zwar zuweilen
hinunter auf die Stufe
des Tiers
doch dieses
häufig missbraucht als Vergleich
bedankt sich beiläufig –

Der Mensch
begabt mit Vernunft
dem Tier weit voraus
kämpft
wenn er kämpft
nicht für Hunger nur
kämpft für das Gute
für Fortschritt
für Frieden
für Freiheit
für den Stolz der
Nation
nicht für Trinken oder Fressen
für Glück
Wohlergehn
Ideale
für die eignen Interessen
oder die seines Leittiers –

Verzeihung
Tier –

Der Mensch
liebt den Streit nicht
liebt den Frieden
im Kleinen, im Grossen
wir sind zufrieden
wenn man uns hienieden
in Frieden lässt –

Gut sind wir
wenn man uns nichts tut.

«Man» sind die Andern
auch Menschen
die mögen
auch Krisen nicht
Krieg nicht
Händel nicht
sagen sie –

Krisen – nein
Kriege – nein
Fernsehn – ja
Steuern – klein
Waschmaschinen – ja
Haus im Grünen – ja
Trautes Heim
Glück allein
Schrebergartenpoesie
Heimchen am Herde
das sind die Werte
die jeder schätzt
wir und Sie

Ost und West
Schwarz und Weiss
Kommunist, Christ, Buddhist
jeder ist
für

Krisen – nein
Kriege – nein
Trautes Heim
Glück allein
Frieden – ja
Freiheit – ja
Freizeit – ja
Fortschritt – ja
denn

Gut
ist
der Mensch

egoistisch und freundlich
edel, gemein
und hilfsbereit auch
wenn Bereitschaft zur Hilfe
sich bezahlt macht

wenn Edelmut, Freundschaft und Güte
nicht Verhältnisse schaffen
die zum Denken bemühn
nicht Probleme gebären
die auf Nägeln dann glühn –

Gut sind wir
eigennützig und kalt berechnend
und konsequent
im Kampf um den Fortschritt
im Kampf um den Wohlstand
im Kampf um das Recht
Recht ist, was uns nützt

Existenzkampf
Konkurrenzkampf
Ellbogen links
Ellbogen rechts

Kampf gegen Schwächlinge
gegen Schwache
Kampf gegen das, was schwach ist
anders denkt
gegen das, was denkt –

Kampf braucht der Mensch!

Ehre, Gott und Vaterland
Schrebergartenpoesie
Trautes Heim
Glück allein
Und Wohlstand am Herde
das sind die Werte –

Streit – nein
Frieden – ja
und was mir nützt
ist auch gerecht –

Gut
ist
der Mensch

nur im Lernen
ist er schlecht.

1967 | **Opus 5**

Der Abgeschaffte

Müde der Friedensgespräche,
die dem Unfrieden dienten
Müde der Konferenzen,
die die Krisenherde der Welt
keineswegs zum Erkalten gebracht
Müde der Einsicht
dass der Mensch des Menschen Feind ist

Kurzum:
Müde der eigenen Ohnmacht
machte sich ein Gremium
geistiger Wirr- und anderer Köpfe daran
das Dilemma der heutigen Unzeit zu lösen
indem sie die Fragen der Menschheit,
die bösen
Intoleranzen, die schlimmen Tendenzen
von Friedensboykotten und Terrorattacken,
die Interessen aller
und auch die der Kosaken,
der Sudeten, der Spanier, Oranier,
der Politiker-
kaste, der mehr oder weniger prominenten
einem globalen
Computer einscannten.

Der Computer hackte innert zwei
Sekunden das Ganze zu einem Brei.

Aus den Zahlen und Zeichen
und Interpunktionen
begriffen die Köpfe
die Meinung des Elektronen-
gehirns,
die sie sogleich,
wenn auch einige lachten,
gefasst zwar und bleich
zu der ihren machten:

Man beschloss,
des Computers Verdikt in den Ohren,
das Übel an der Wurzel zu fassen
und weltweit und breit
die kariöse Stelle

im Zahn der Zeit
auszubohren.

Um es in dürre
Worte zu raffen:
Es wurde beschlossen
den Menschen abzuschaffen.

Nicht auf unmenschliche Weise,
ausnahmsweise,
nicht in Lagern oder mittels Strontium und Uran,
nein, ganz human:

Eine spezielle Sterilisation
des Trinkwassers, sowie jeglichen Getränkes
von der Muttermilch bis zur Veuve Cliquot,
von Coca Cola bis vieux Bordeaux
bewirkte schmerzlos und genau
die Sterilisation von Mann und Frau.

Wer dagegen protestierte
aus ästhetischen,
humanitären
oder konträren Bedenken,
und es war keine kleine Zahl,
hatte nur eine Wahl:
Sich nichts mehr einzuschenken.

Nur wenig Dogmatiker,
Reaktionäre
und Fanatiker
widerstanden dem Ruf
von Niere und Blase
und gingen verdurstenderweise unter.

Die andern Anti-Sterilisatoren
griffen beim ersten Flimmern der Augen
und Sausen der Ohren
gierig zum Glase,
und schwenkten schnell
von der Rechten zur Linken

Was ihnen umso leichter fiel
als auch,
ganz abgesehen von der Lust zu Trinken,
Triebleben, erotische Sitten
und geschlechtliches Heil
keineswegs unter der Massnahme litten –

Ganz im Gegenteil!

In kürzester Zeit
zeigte sich schon
die Genialität
der Aktion:

Der Weltmarkt begann sich zu stabilisieren
die allseits drohenden Hungerkatastrophen
bannten sich selber. Jenseits des Meeres
verhallten die Bevölkerungsexplosionen
und verkehrten sich langsam in ihr Konträres –

Die Grundstückpreise sanken und sanken,
die flüssigen Mittel überschwemmten die Banken,
die Menschen lebten in Saus und Braus,
Chinese, Texaner, Mulatte
keiner missgönnte dem andern, was er hatte –

Krisenherde wurden kalt
Soldaten alt
Mit Gewalt
für die Zukunft zu kämpfen, galt
als Idiotie.
Und das zu Recht,
denn kein Nachwuchs
wuchs nach,
immer weniger Menschen gab es,
und die Zukunft stand
ziemlich geschwächt
am Rande des Grabes.

Da erkannten die, die noch lebten,
die Bejahrten, Gebleichten,
selbst die Patriarchen der Parlamente,
die zittrigen Regierungen der Kontinente:
Jetzt haben wir endlich, was wir immer erstrebten
und nie erreichten
seit ewiger Zeit:
Ruhe, Eintracht, Zufriedenheit!

Und da dieses Wunder geschehen war,
fanden die Alten
man soll das Paradies
auch den Ungeborenen nicht vorenthalten.
Und in sämtlichen Staaten,
ausser San Marino, Andorra und Liechtenstein,
denn die waren schon leer, weil leider zu klein –
überall kam man überein
nicht mehr zu rasten noch zu ruhn
und schleunigst
etwas gegen das Aussterben zu tun.

Eine letzte, noch nicht altersschwache Forschergruppe
erfand eine spermienanregende
Anti-Sterilisation-Suppe,
die, kühl genossen, schmeckt wie Sekt
und, täglich kredenzt,
die Potenz wieder weckt.

Überall tönte nun
laut und leise
das Geklapper von Löffeln
und das Schmatzen der Greise –

Suppenkommandos in rollenden Stühlen
verteilten mit gichtigen Händen
und arthritischen Lenden
die Suppen, die kühlen,
überwachten die Patienten,
kontrollierten
weitsichtig
mit zahnloser Freude
die potenten Bemühungen
der alten Leute

Doch es war zu spät!
Die Realität
forderte ihr neunmonatiges Recht,
und diese Grenzen
überlebte keine der Potenzen,
vom Alter geschwächt –

Der letzte intakte
Computer hienieden,
während schon langsam das Gras über ihn wächst,
klickte und klackte
in emsigem Takte
den Text:

Der Idee, den Menschen abzuschaffen,
war ein voller Erfolg beschieden –
Endlich herrscht Frieden!

Er klickte noch eine Weile weiter,
aber niemand hörte ihn

leider.

1967 | Opus 5

Nekrolog

Er und Sie stehn am Grab

Er	Er war ein edler Mensch.
	Edel und gut.
Sie	Nun ist er hin-
Er	Ja
Sie	-gegangen.
Er	Ja das stimmt.
	Wer hätte das gedacht.
Sie	Ich bin froh –
Er	Ja
Sie	dass ihn alle in so guter Erinnerung behalten.
Er	Er war ein Vorbild!
Sie	So gemein-
Er	Ja
Sie	-nützig.
Er	Gemeinnützig, ja.
	Hinterhältig – ist das Schicksal.
	Jetzt liegt er da.
Sie	Auf immer still.
Er	Schön –
Sie	Ja
Er	so beliebt gewesen zu sein!
Sie	Ja das war er: Unbeliebt –
Er	Ja
Sie	– war er nie.
Er	Nein, das war er nie.
Sie	Und so rücksichtslos
Er	Ja
Sie	gegen sich selber. Ein Egoist
Er	war er
Sie	nie –
Er	Das stimmt. Er war ein Vorbild!
Sie	Und so sanft
Er	zur Sekretärin
	sagte er immer:
	rufen Sie meine Frau an,
	ich komme etwas später!
Sie	Und er kam auch später.
Er	Ja das kam er, pünktlich.
Sie	Nun kommt er nie mehr später –
Er	Nein
Sie	Gottseidank
Er	Ja
Sie	sind Sie noch da!
Er	Ja gottseidank bin ich noch da.
	Wer weiss wie lange.
	Rasch tritt der Tod den Menschen an!
Sie	Endlich Ruhe
Er	sanft. Die Erde sei Ihnen leicht.
Sie	Sei dir leicht.
Er	Mir? Wieso mir?
Sie	Die Erde sei dir leicht, heisst es.
	Auch für ihn.
Er	Er war mein Vorgesetzter.
	Schmollis am Grab? Nein.
Sie	Er war mit allen frère et cochon
Er	Ja das war er. Ein Vorbild.
	Leben Sie wohl! –
	Haben Sie wohl gelebt!
Sie	Oh ja, das hat er.
	Auf meine Kosten –
Er	Ja ich weiss.
	Er hat das Leben gekostet –
Sie	Er war, unter uns gesagt,
	ein Ungeheuer –
Er	Ja
Sie	guter Mensch.
Er	Ja das war er. Das Letzte –
Sie	Leider ja
Er	Taxi steht noch da.
	Beeilen wir uns. Es wird kalt.
Sie	Wie immer in seiner Nähe.
Er	Adiö, Vorbild –
Sie	Mögen dir die Nekrologe
	leicht sein …

1967 | **Opus 5**

Da gibts eine Maid in Saas-Fee
die verwechselt das S und das T
So trinkt sie z.B.
zuerst ein glas See
und wäscht dann die Füsse im Tee.

Da gabs einen alten Helveter
der fehlt bei der Schlacht am St. Peter
Der fehlt auch bei Murten
bei Sempach, am Gurten —
Der kam eben stets etwas später —

da gabs einen Säugling in Kindelbank
der täglich nur ein Quartel bis Quintel trank.
Eines Tages trank er
seine Mama fast leer
worauf er erschöpft in die Windel sank

Da gibts einen Hund in Gurtnellen
der tut auf Bestellung nur bellen!
Willst du, dass Frau Gross
in die Luft geht, musst bloss
Bellos "Gurtneller-Schnellbell" bestellen!

Limericks
zum Vierten: Kindericks

Da machte die Peggy in Weggis
mit dem Fritzli aus Weggis Versteckis
Der Fritzli, husch husch
sitzt noch heut hinterm Busch
wo die Peggy aus Weggis längst weg is

Da hat die Marie aus Saasgrund
3 Schwestern, 2 Eltern, 1 Hund
6 Brüder, 4 Schwäger
8 Tanten am Lager –
Das ist doch bestimmt nicht gesund

Da gab es das Bethli in Laufen
das fand einen Ameisenhaufen
Es teilte ihn fein
in Sitzplätze ein
und tat sie an Lehrer verkaufen

Da gibts einen Dicken am Ricken
der hat 14 grosse Fabriken
In 6 davon macht
er Hosen, in 8
macht er Stoff um die Hosen
zu flicken.

Plakat   Michael und Luzzi Wolgensinger

Jung for ever

Die beiden Alten als Schattenbild auf der Bühne.
Dann blendet die Szene auf, sie singen:

Man wird alt
und man wird älter,
davor ist kein Mensch gefeit.
Und die Füsse werden kälter,
emsig nagt der Zahn der Zeit.

Langsam wirft
das Antlitz Falten,
und das Haar ist tief verschneit.
Schwierig wird das Wasserhalten,
emsig nagt der Zahn der Zeit –

Blickt man in die Runde heute,
sieht man plötzlich sich allein –
lauter jugendfrische Leute,
wo mag wohl das Alter sein?

Altsein wie ein Götterbild
So heisst heut der Schlager
Diesen alten Traum erfüllt
Das Ersatzteillager

Haare werden aufgepfropft
Innereien entgiftet
Schlaffer Busen wird gestopft
Alles frisch geliftet!

Leber von der Leberbank
Milz aus der Tiefkühltruhe
Heute kommst du gottseidank
Als Alte nie zur Ruhe –

Fremd ist jeder Zentimeter
Fremdes klopft im Hemd
Und hormongespritzt

Geht der Zittergreis noch fremd!

Alt ist out, nicht mehr in.
kein Gewinn, nur Verdruss –
Wir vermissen
den Kuss, den heissen –
den Kick, den gewissen.
Mit Erotik ist Schluss –
Das Alter ist beschissen!

Drum wird's negiert und verpönt,
überlistet, operativ
rezykliert und geschönt
Und die Jugend
kehrt zurück
im Ops, in der Beautyfarm –
hops – lacht das Glück
unter Tränen,
mit strahlenden dritten Zähnen.

Sexualitäten prägen das Heute
Exhibitionen lesbischer Bräute
Erotische Zonen
bei Schäferhündchen
Beischläferstündchen
Orgasmusgestöhn
auf sämtlichen Bühnen
Heiliger Fellatio, das ist schön –
Nur Altsein ist obszön!

Alt ist out – Wir sind in!
Ein Gewinn, ein Genuss,
vor Torschluss voll im Schuss
Wir gehören dazu,
Triumphieren zum Schluss

Alter Trottel wird Model
Yo man!
Vorher vollfett, jetzt schlank
wie ein Rollbrett. Yo man!

Alte Oma – Nomen est Omen – schaffts glatt
Aufs Lifestyle-Titelblatt!

Zittergreis,
hormonell aufbereitet,
Lacht sich
eine Sie an,
nicht unter 80,
für infantile
Sandkastenspiele
unter Altersgenossen –

Yo man!

Späterer gemeinsamer Kindergartenbesuch
nicht ausgeschlossen.

Yo man!

Drum macht man uns jung und jünger
Und das Herz tönt neu und heutig
In den Adern pulst der Dünger
Aus der Pharmazeutik –

Strahlend von der Oberfläche
Bis ins Innerste der Fasern
Sterben wir an Jugendschwäche
Oder an den Masern –

Doch trotz glättenden Skalpellen
Trotz der Jugend Ewigkeit
Trotz drei Kilo frischer Zellen
Emsig nagt der Zahn der Zeit

Und trotz Werbung, Medizinen
Und dem Kult der Minderjährigkeit –
Über alle kessen Bienen
Alle maskulinen Hünen
Über alle Sexlawinen
Triumphiert
Der Zahn
Der Zeit!

1969 | **Opus 6**

Schlanksein ist alles!

Die jugendliche Hausfrau, im morgendlichen Fitness-Kostüm, animiert das Publikum mit rasanten Übungen, die sie grad selber vormacht:

Am Morge, zur Zyt, wo früehner de Güggel kräht hät, bevor de Wienerwald au no de letscht i d Flucht gschlage hät –
Am Morge, wänn de Hushaltvorstand ufem Bau isch, wänn s Baby i s Chüssi lueged und d Schnudergoofe im Chinderzimer d Apollo 12 ablöhnd –
Dänn hüpfed Si elastisch wie-n-en Rosthuuffe usem Schuumgummi und i s Bikini und los gahts bi fröhlicher Radiomusik!

Afange tüemer wie immer mit e paar Hüfteroller rückwärts, mit Beginn bim Feischter und Schluss underem Chuchibüffee. Wänn die im Chinderzimer immer no tüend wie d Söi, dänn törfed s au mitmache, das git en heillose Gaudi und zeigt au de Nachbere, dass Si und Ihri Familie mit de Gsundheit und de Schlankheit Ernst mached:

> Schlank als wie ein Pinienhain
> Sollen unsere Linien sein!

Gäge de agwachse Fettpolstersässel hälfed Üebige wie de üsserst wirkigsvoll Betthupf vor- und rückwärts: Si wüssed: die gfaltete Händ hinderem Nacke, feufti Position, tüüf yatme, und Sprung.
Das zähmal pro Tag, und Si mached imene Monet d Buuchwälle a de Badtuechstange. Wänns lüüted a de Türe, will bi dene unedra de Goldfisch im Gipsräge staht, dänn gschwind e paar Zickzacküebige mit de Grätechapsle, das baut de Späck ab, verdünnt de Bluetdruck, und verschreckt jede Huusmeischter.

Zum Abschluss dänn no eusi Standardüebig: eis Bei yknickt, s ander waagrächt i d Stube – die wos scho umleit, wänns mit eim Fuess wyter als e Stägetritthööchi vom Planet ewägg sind, die hebed sich a de Büecherwand – dänn strecke, lupfe, dehne, aber nöd rüttle, susch chunnt de gsammlet Gopfrid Chäller obenabe, was au wider nüt schadet – wänns en scho nöd läsed, dänn müends en wenigstens ufläse, s Hirni cha ja nümm chlyner wärde, aber de Buuch – also nomal: strecke, lupfe, dehne, dänn feufmal de fortschrittlich Studäntewipp, also wyt nach links, und dänn feufmal d NA-Variante, dänn flach uf de Rugge und d Chnüü nöd vergässe – wänns knackt, isch öppis usghänkt, wänns nöd knackt, isch besser:

> Bald werden wir wie frühner sein
> So mager wie ein Hühnerbein!

Das Motto gilt nöd nur für Si, das gilt au für de ehelich Choleschuufler. Drum überrasched S'en zum Zmittagässe mit eme dörrte Fygecocktail, mit gwässerete Pfäffermünzzältli, mit-eme Wurmfarnsüppli, und zum Dessert gits es Chnoblauchsülzli oder, für starchi Ässer, zwei. Dasch kä Punktdiät meh, dasch e Kommadiät. Nachere Wuche känned Si de Bappi nümme, da müend S'en am Morge im Pijama go sueche, und zum heichoh bruuchter nüme d Türe, sondern de Briefchaschte. Möglicherwys känned S'en scho vorher nüme, dänn, wänn-er mit dem rohe Gürkli, wo-n-er zum Znacht überchunnt, d Chuchi z demoliere versuecht.
Das aber wär Ihre Fähler!
En Löffel Magerchleischter, es halbs Rüebli und es grafflets Tischbei, lieblos ufeme nöd vorgwärmte Täller serviert, das reizt en Schwyzer öppe glychvyl wie-n-es Annabelle-Titelblatt.
Dänked Si dra: au s Aug und d Seel wänd gnährt sy!

> Es Rüebli ufem Täller
> Das jagt de Ma in Chäller
> Doch Schönheit, Scharm und Schick
> Erfreut des Gatten Blick!

Es handlet sich da nöd um de *Sunntigsblick*, wo de Bappi, wänn-er en list, schynts nüt Dümmers macht – dasch ja au gar nöd mögli –, sondern um de ebefalls leeri Blick vo dem, wo schwer gschaffet hät und jetzt heichunnt – also empfanged Si ihn hübsch agleit, duftig frisiert, mit-eme Usschnitt wie-ne Rollträppe id Charcuterieabteilig – wänn er suecht scho käs Fleisch z gseh überchunnt! – fit und schlank dank Ihrem tägliche Training, de Tisch rych deckt, Cherzeliecht, d Suurchrutlimonade im Kristallkelch, de Chnochemählpudding amächelig ufem Silberplättli, Weizekeim, Chriesistei und Fischgröt malerisch ufem Tisch verstreut – dänked Si dra: Si und Ihri raffiniert Präsentation sind Gluscht, Aregig und Befridigung –

Es rumpelt draussen

Da chunnt er scho, de zuekümftig Zürcher Olympiameischter im Us-de-Chleider-Flüüge...

Er erscheint, mit wildem Blick auf sie, Messer und Gabel in den Händen

He halt, was söll das Albert – was wottsch mit däm Bsteck – deet ufem Tisch staht dyn Pudding –
Haalt was häsch dänn au, mer sind doch da nöd im Globus-Chäller …

Sie rennt weg, er hintendrein

Gsehnd Si, drum isch die körperlich Fitness bsunders wichtig für Si, wänn bi Ihrem Superschlanke de Kannibalismus usbricht …

Er schleicht sich wieder an, messer- und gabelwetzend

Also vergässed Si Ihri morgendliche Üebige nöd – und merked Si sich:

> Diät ist gut
> für jeden Esser
> Doch Rennenkönnen
> ist noch besser!

Sie rennt lustvoll kreischend weg.

1969 | **Opus 6**

Rosen für die Mutter

Vater schreckt aus einem miesen
Dämmerschlaf, weil unbekümmert
Wecker rasselt, worauf diesen
Vater mittels Faust zertrümmert.

Mutter jagt auf Küchenfliesen
Vater schabt Gesicht wie Blitz
Kinder quängeln, Eltern giessen
kochendheissen Trank in Schlitz.

Radio brüllt, weil Susi Knopf dreht
Susi brüllt, weil Mutti haut
Mutti brüllt, weil Max im Topf steht
Vater brüllt: Brüllt nicht so laut!

Stürzt ins Chaos sich geschwinde
Gaspedalt durchs Ampelfest
Rot-Grün-Rot-Grün – Kleinhirnrinde
ist schon kräftig durchgestresst.

Schreibmaschinensalven knattern
Telefone reissen Krater
Alltag frisst sich wie die Blattern
Kreislaufstörend in den Vater.

Und daheim sitzt Vati's Beste
– Sträfling in der Nervenzelle –
Draussen bohren Pressluftgäste
Oben knallen Überschnelle.

Feierabend, Schieben, Stossen
Vater, ziemlich aus dem Leim
bringt den schönsten Strauss Neurosen
seiner lieben Gattin heim –

Mutter bindet sie mit ihrem letzten Nervenende
nach Ikebana-Brauch
Die Kinder brüllen und strecken die Hände
Sicher! sagt Mutter
Bald kriegt ihr auch!

1969 | Opus 6

Das Märchen
von den fliegenden Göttern

Das Mädchen und der Grossvater
Die Szene spielt in weiter Zukunft.

Mädchen Grossvater, erzähl mir das Märchen von den fliegenden Göttern!

Grossvater «Vor vielen vielen Jahrhunderten, wo die Bäume noch hoch und grün waren und die Wiesen voller farbiger Blumen, da lebten rund auf dem Erdball die fliegenden Götter. Sie waren mächtig und zahlreich, und sie bewegten sich nicht nur auf dem Land, sondern auch auf und unter dem Wasser, und sogar in der Luft.»

Mädchen Und sogar in der Luft!

Grossvater «In glitzernden Wagen rasten sie durch die Wolken, in Sturmesschnelle von Kontinent zu Kontinent.»

Mädchen Ooooh!

Grossvater «Mit ihren übernatürlichen Kräften holten sie den Blitz und den Donner vom Himmel herunter, ja sogar die Sonne, und machten sie sich untertan in ihren riesigen stählernen Tempeln.»

Mädchen Dann hatten sie auch einen Obergott, die Götter?

Grossvater Sicher.

Mädchen Wie hiess er denn?

Grossvater Das war der grosse Mammon.

Mädchen Sie waren sehr reich, die Götter?

Grossvater Es gab reiche und es gab arme. Was die Reichen zuviel hatten –

Mädchen – das schenkten sie den Armen!

Grossvater Nein, das warfen sie fort.

Mädchen *(lacht)* Das glaub ich nicht!

Grossvater Es war eben viel zu teuer, das was zuviel war zu verpacken und zu verschiffen.

Mädchen Sie hatten keine Schiffe?

Grossvater Natürlich hatten sie Schiffe, Schiffe mit Öltanks, Schiffe mit Kanonen, Schiffe voller Luxus –

Mädchen Aber keine Schiffe für die Armen?

Grossvater Es lag nicht nur an den Schiffen, es lag auch an den Lebensmitteln. Man hätte sie konservieren müssen, tiefgefrieren –

Mädchen Und das konnte man damals noch nicht?

Grossvater Dochdoch, aber das kostete Unmengen!

Mädchen Also Grossvater! Die reichen Götter hatten doch soviel Geld!

Grossvater Davon gaben sie ja auch den Armen!

Mädchen Bravobravo! Damit sie sich Essen kaufen konnten!

Grossvater Nein, Waffen!

Mädchen	Waffen? Von wem?
Grossvater	Von den Reichen.
Mädchen	*(lacht)* Die warfen das Essen fort und verkauften den Hungrigen dafür Waffen? Das ist doch ganz unwahrscheinlich!
Grossvater	Märchen sind unwahrscheinlich!
Mädchen	Erzähl weiter! Was machten denn alle mit ihren Waffen?
Grossvater	Oh Verschiedenes. Hauptsächlich machten sie sich gegenseitig Angst!
Mädchen	Und wenn sie sich Angst gemacht hatten?
Grossvater	Dann erfanden sie neue Waffen.
Mädchen	Und dann?
Grossvater	Und dann? Gegenwaffen!
Mädchen	Und dann?
Grossvater	Abwehrgegenwaffen!
Mädchen	Und dann?
Grossvater	Antiabwehrgegenwaffen!
Mädchen	Und dann kämpften alle miteinander?
Grossvater	Nicht alle. Es gab auch solche, die sich brüderlich halfen.
Mädchen	Schön! Wenigstens die brauchten keine Waffen!
Grossvater	Oh doch!
Mädchen	Wozu denn?
Grossvater	Zum Helfen.
Mädchen	*(lacht)* Das waren aber komische Brüder! Ich meine Götter.
Grossvater	Es gab eben auch abtrünnige Götter, die nicht den vorgezeichneten göttlichen Weg gehen wollten. Da mussten die mächtigen Götter mit starker Hand die Verirrten auf den rechten Weg zurückführen.
Mädchen	Und dann herrschte wieder Ruhe!
Grossvater	Grabesruhe.

Mädchen	Weisst du Grossvater, ich finde, das waren schon dumme Götter, findest du nicht?
Grossvater	Oh nein, sie waren sehr gescheit. Sie erfanden künstliche Herzen, sie konnten das Leben verlängern, sie bauten Maschinen, die denken konnten, sie errichteten die schönsten Städte und Brücken und Schulen und Flughäfen –
Mädchen	Schön! Und dann?
Grossvater	Ja und dann – *(kichert)* – das glaubst du nicht!
Mädchen	Erzähl den Schluss Grossvater! Und dann!
Grossvater	*(kichert)* Es ist wirklich ein blödsinniges Märchen!
Mädchen	Bittebitte erzähl den Schluss! Und dann…
Grossvater	Und dann flogen die Götter in ihren Luftwagen über Schulen, Brücken und Städte, und machten…
Mädchen	Was machten sie?
Grossvater	alles kaputt!
	Beide lachen sehr

1969 | **Opus 6**

Das Märchen von den Zwergen

Die Lampen blitzen
Kameras zoomen
Reporter schreiben in allen Zungen –
Der Professor sagt,
seine Stimme bebt,
Während die Welt
an seinen Lippen klebt:
«Die Herztransplantation ist gelungen –
der Gartenzwerg lebt!»

Wer kennt nicht den kleinen Wicht
Stumm stand er und wichteldumm
Mit bebartetem Gesicht
Im Basilikum herum –

Niemals lebt' er, niemals starb er
Blickt aus Rosen und Rhabarber
In die grüne Wüstenei –
Diese Zeiten sind vorbei!

Der Gartenzwerg
Nanus hortulus
Pausbäckiger Gnom aus Rabatte und Beet
Mit Zipfelmütze und Gartengerät
Seit Urzeit verlacht
Erwacht
Kraft
der Wissenschaft
zur Aktivität –
Vergisst Insekten
Lauch und Löwenzahn
Wird zum perfekten
Untertan –
Erstmals auf diesem Gestirn
Gibt es den braven
Sklaven
Ohne Seele und Hirn!

Das geschah, man weiss es schon
Vor nicht allzulanger Zeit
Heut steht eine Million
Gartenzwerge schon bereit –

Alles was wir Menschen nicht
Gerne tun, das tut der Wicht
Ohne Hirn und subaltern
Doch mit Herz – für seinen Herrn!

Der Gartenzwerg
Nanus hortulus
Ist überall, wo es an Menschen gebricht
Bestens verwendbar. Sein liebes Gesicht
Taucht überall auf
Schnell
Bequem
Löst er jedes
Personalproblem –
Lebt ohne zu lästern
In Baracken von gestern
Schafft ununterbrochen
Nie sieht man ihn
Spaghettikochen
Wäscheauswringen
Herumstehn
oder gar singen –
Militärdienstverweigern
Das kennt er nicht
Was man ihm befiehlt
Das tut er schlicht
Folgsam, bescheiden, ideenlos –
Der ideale Ersatz
Für klein und gross!

Die Lampen blitzen
Kameras zoomen
Reporter drahten in alle Länder –
Der Professor sagt, gespannt wie nie
Während die Menschheit,
soweit sie noch lebt
An seinen Lippen klebt:
«Wir brauchen wieder 10 000 Spender
Für die neue
Gartenzwerg-Serie!

Wer kommt dran – Sie …?

1969 | **Opus 6**

Das Märchen von der Macht

Es war einmal ein Mann, der setzte sich vor seinen Fernsehapparat und blickte auf die Welt, in der er lebte. Es war aber eine Welt voller Hader, Streit und Krieg, und der Mann schüttelte eins übers andre Mal den Kopf, wunderte sich über das Unvermögen der Mächtigen, und wollte es nicht begreifen. Als er so mitten im Sich-Wundern war, während der Fernsehapparat Bilder zeigte von Gesprächen, die zu nichts führten, von Erklärungen, die nichts sagten, und von Konferenzen, die vertagt wurden, da läutete es an seiner Tür. Er ging hinaus und öffnete.
«Guten Abend», sagte der Mann, der draussen stand, «entschuldigen Sie bitte die Störung. Aber würden Sie so freundlich sein und Ihren Wagen verschieben, ich kann nicht wegfahren. Wir sind zu nah aufgeschlossen.»
«Aha», sagte der Mann in der Tür. «Sie sind also derjenige, der sich so unvernünftig hineinzwängen musste!»
«Wieso – –» sagte der draussen.
«Und Sie behaupten also, ich hätte zu nah aufgeschlossen?»
«Aber – –» sagte der draussen.
«Ganz richtig, das habe ich», sagte der in der Tür. «Um Ihnen zu zeigen, dass man so nicht parkiert!»
«Dann könnten Sie doch jetzt – bitte – –» sagte der draussen.
«Ich denke nicht daran. Das soll Ihnen eine Lehre sein!» Sprachs und schlug die Tür zu.
«Löli!» sagte der draussen.
«Schnuderbueb!» sagte der drinnen.
«Vollidiot!» brüllte der draussen.
«Ich rufe die Polizei!» brüllte der drinnen.
Dann schloss er Zimmertüren und Vorhänge, setzte sich wieder vor die Flimmerkiste, blickte auf die zerstrittene Welt, in der er lebte, und wunderte sich über Unverstand, Eigensinn und Intoleranz der Mächtigen.

Und wenn er nicht gestorben ist, dann wundert er sich noch lange weiter.

1969 | **Opus 6**

Auto-Nekrolog

Sie und Er stehen in Andacht vor dem Autowrack

Wir kommen, Lebwohl dir zu sagen. Freund, ein Abschied auf immer
Zwingt uns auseinander, Freund, doch wir bleiben im Geiste vereint
Du warst unser Stolz, dir galt unsere Liebe, Freund, unsere Treue
Du schenktest uns Kühnheit, Freund, und Kraft zu jeglicher Zeit –

Ists mehr wohl als Zufall, Freund, dass dieser Begriff «Friedhof»
Vom Menschen erfunden und ihm allein nur, Freund, reserviert
In neuester Zeit einem andern Produkt noch die Ehre erweist
Nämlich dir, Freund, Attribut des homo auspuffiensis –

Dort, wo die toten Zeugen einer Verbrauchergesellschaft
Wo Wohlstandsreste, Ausrangiertes, Altgewordenes
Die Landschaft zieren, spricht man von Kehrichtdeponie
Schutthalden heisst's verschämt – doch «Friedhof» heisst das nie!

Nicht so bei Dir, Freund, bist du doch Teil des Menschen
Bist Fuss und Lunge, Muskelkraft und Statuszeichen –
«Friedhof», das Wort vom Ort, wo Friede uns vereine
Es ziert nur unser Ende, Freund, und noch das deine!

Lebwohl, du Symbol, Freund, Reservat für das Draufgängertum
Stark warn wir in dir, Freund, hart, rassig und weit überlegen
Oft trugst du uns, Freund, am Tod, am eignen und dem auch von andern
Haarbreit vorbei bei gewagt-gefahrvollen Ausbrechmanövern –

Und als es dann einmal nicht reichte, da wurdest du, Freund, zum Feind
Und nun liegst du hier
Und wir gegenüber
Auf dem Friedhof vereint –

Möge die allmächtige Stahlpresse deiner Karosserie
Gnädig sich zeigen!

Von deinen Opfern
Und von uns
Ganz zu schweigen.

1969 | **Opus 6**

Dialog auf dem Hochsitz

Beide mit Tropenhelm und Fernglas auf Urwald-Hochsitz

Sie   Gsehnd-Si öppis?
Er   Wasserbüffel
Sie   Gsehnd us wie usgstopft – toll!
Er   Dört, Flamingos, ganz e Schwarm
Sie   Wie im Zoo, schön! – Hänzi Leue gseh?
Er   Geschter, e ganzi Familie, so nooch
Sie   Hänzi chönne schüüsse?
Er   E Farbfilm, 10 Dias, 2 Superacht
Sie   Det – en Walfisch!
Er   Dasch en Elefant, wo badet
Sie   Glatt, wie im Kino
Er   E Gwehr sött-me ha – der ewig Jagdtrib!
       Dört – e Paradiesvogel piffpaff! –
       Schad, dass-me do nit darf
Sie   Dänn wott ebe jede
Er   Ebe. Der Mensch rottet alles us, was-em unter d'Finger kunnt.
       Dört – e Tiger – piffpaff!
Sie   Toll, wie im Zirkus! Und det en Grizzlybär – de hät ja en Helm a!
Er   Dasch der Sedelmayer. Dä goht ufe Hochsitz.
Sie   Si möged-en nöd bsunders guet?
Er   Ain vo däne Waffenusfuehrverbottfanatiker
Sie   Händ Si mit Waffe z'tue?
Er   Indiräkt. Export. Dört – e Serval – piffpaff! – e Pelzstola für Si!
Sie   Si wäred en grosse Jeger!
Er   Der Mensch isch e Jäger syt Urzytte. D Luscht zum Töte schlummeret
       hütt no in jedem – Büffel – piff! – Elefant – paff! – Nashorn – piffpaff!
       s isch s ainzig richtig, dass-me do kaini Tier schiesse darf.
       Stelle-Si sich vor: zum Statussymbol vo jedem Wohlstandsbürger
       ghört näbe Farbfärnseher und Zwaitwage bald au scho die jöhrlig Safari –
       wenn do jede könnt wie wild umenanderschiesse – –
Sie   Das wär ja diräkt gföhrli. Wohi exportiered Si Waffe – au dahere?
Er   Oste, Weste, Süde, Norde – wo das Züüg halt grad bruucht wird.
       Dört – e Härde Affe!
Sie   Herzig – wie dihei! Scho guet, dass all die Tier gschützt sind –
Er   Der Mensch isch unberächebar, wenn-er e Waffe in d Hand bikunnt
Sie   Aber Sie fabriziered nu grossi Waffe – keini für d'Jagd?
Er   Keini für d Tierjagd
Sie   Und exportiered nu dethere wo kän Chrieg isch?
Er   D'Bestimmige sin usserordentlig sträng
Sie   Dass Syrie mit Schwyzerkanone uf Israel gschosse hät –
       da chamer halt nüt mache?

Er	Kame nüt mache. Wome gliferet het, isch no kai Krieg gsi. Zuedäm het au Israel Waffe vo uns bikoh.
Sie	Ebe – und Nigeria au
Er	Betribsunfäll gits in jedem Gschäft. Und wenn mir nit lifere, liferet en ander Land
Sie	Natürli. Und schliesslich wird euses agfrässe Image ja vom Henri Dunant immer wieder retouchiert
Er	Rede-mer nümm vom Gschäft – s isch die letscht Nacht in der unberüehrte Natur, wo d Tier wenigstens gschützt sinn – dört – Papageie!
Sie	Und det, en Grizzlybär – eh nei, dasch scho wider de Herr Sedelmayer
Er	Dä kunnt vom Hochsitz zrugg – piffpaff! – dä wär au no guet überem Cheminée!
Sie	Göhmer, Herr Tiräkter, s wird chüehl
Er	Jagdflinte für Safaris – schad, wär glych none guet Gschäft –

1969 | **Opus 6**

All das haben wir überlebt

Vor Hunderttausend Jahren greift
mit einem Stein bewaffnet
ein Neandertaler einen Höhlenbären an –

ich weiss genau:
der Stein war stärker als das Tier

Im andern Fall wär ich nicht hier –

In diesem Jahr wär Hitler achtzig Jahre alt geworden
Sein Polenüberfall jährt sich zum 30. Mal
Vor 55 Jahren brach der erste Weltkrieg aus
Vor dreimal 55 Jahren starb Napoleon –
La Revolution française erschüttert ganz Europa
Die Glaubensspaltung kumuliert im dreissigjährigen Krieg –
    Kaiser, Könige, Diktatoren – Volk, das sich erhebt
    und
    All das haben wir überlebt!

Die Hexen und die Ketzer schleppt man zu den Scheiterhaufen
Die Henker und die Folterknechte haben Hochbetrieb
Harnische werden genietet, Langspiesse werden geschliffen
Die Waffenschmiede schmieden Halbarten für Morgarten –
Die Ritter rüsten sich zum heiligen Kreuzzug
und bringen fernen Heiden mit Gewalt das Seelenheil –
    Auf fahlem Ross das Pestgerippe, das sie Sense hebt
    und
    all das haben wir überlebt!

Karthago wird erobert, Rom geplündert von Vandalen
Und auf den Katalaunischen Feldern besiegt man Attila
Die Hunnen unterwerfen das Ostgotenreich, im Süden
Versinken Herculanum und Pompeji in der Asche –
Nero verfolgt die Christen, und die Schlacht im Teutoburger Wald
vertreibt Quintilius Varus aus Germanien –
    Schlachten toben, Königreiche wanken, Erde bebt
    und
    All das haben wir überlebt!

Caesar erobert Gallien, Hannibal überquert die Alpen
Die punischen Kriege verheeren Karthago und Rom
Alexander der Grosse zerschlägt das Perserreich und den gordischen Knoten
Jerusalem wird zerstört durch den König des neubabylonischen Reichs
Die Perser erobern Ägypten, Ramses kämpft mit den Hethitern
Im Frondienst baut der Untertan das Grab des Pharao –
    Wieviel Blut doch auf den Seiten der Historie klebt
    und
    All das haben wir überlebt!

Vor Hunderttausend Jahren greift
mit einem Stein bewaffnet
ein Neandertaler einen Höhlenbären an –
    Hunderttausend Jahr Gefahr, seit der Mensch seine Toten begräbt
    und
    All das haben wir überlebt!

    Jedes Damoklesschwert, das irgendwann mal über uns geschwebt
    haben wir
    Sie und wir
    überlebt!

    Wer und was auch weiterhin die Welt aus den Angeln hebt
    irgendwer
    hat Glück
    und überlebt!

1969 | **Opus 6**

Plakat   César Keiser und Michael Wolgensinger

Das Jubiläum

Vor 10 Millionen Jahren
meine Damen und Herrn
geschah auf diesem
5milliardenjährigen Stern
etwas Denkwürdiges:

Vor 10 Millionen Jahren
da lagen sich unsre
vierfüssigen Vorfahren
in den Haaren:
Oppositionelle
Nichten und Neffen
forderten Autonomie
sowie
einen eigenen Ast
am gemeinsamen Stammbaum –
Das waren die
von denen es heisst
sie brauchten Kamm
oder Schwamm kaum
und ihr Geist
zwar noch rudimentär
sei gegen alles
was sich lang schon bewähr –
So hockten und hausten
in ihrer ertrotzten
Astgabel
diese Trotzkisten
diese Linken Verlausten
und kletterten, ohne
zurückzugaffen
auf die selbstzufrieden
schlaffen Affen
zielbewusst
Richtung Stammbaumkrone.

Vor 1 Million Jahren
meine Damen und Herrn
erhob sich der Revolutionär
der unser Ahne war
auf die Hinterbeine
bearbeitete Steine
schnitzte aus Saurierrippen
Keulen
und spitzte die Lippen
ausser zum Heulen
erstmals zu Sprechversuchen
sowie zum Fluchen –
Gotschmerchori herammte bluerige
Schneifschiechschäbeggel –
herammte bluerige.

Die Affen vom andern Ast
blickten unten vom Baum her
und kannten ihren militanten
Verwandten kaum mehr –
«Wie unappetitlich»
meinte ein Ästhet
«ein nackter Affe, der aufrecht geht!»
Und die Mütter packten ihre Jungen
und schnatterten: «Seht
was aus revolutionären Ideen
entsteht!»

Vor 1/2 Million Jahren
erfand dieses Wesen
dessen wir heute gedenken
erfand es das Feuer
verständigte sich gegenseits
und frass
als Zeichen des Fortschritts
bereits
nicht mehr roh
sondern gegrillt
seine Feinde auf –

Es ward immer grösser
und immer nackiger
ging immer aufrechter
sprach immer zackiger
und mit jedem Kubikzentimeter
Schädelraum mehr
gelangte es von Keule via Steinaxt
zum Speer –

Vor 50 000 Jahren
es ist genau zu datieren
ward das Geschöpf ein Mensch –
Wir gratulieren!

Wir gratulieren uns und Ihnen!
Früher auf Urwaldbäumen
träumen
wir bald
in unbezahlbaren Eigentumsräumen
vom Wald –

früher während Tagen
mit leerem Magen
auf einsamer Jagd
jagen
wir heute
mit der ganzen Meute
der Verwandtschaft
im engen Wagen-zu-Wagen-Kontakt
durch die Spekulantschaft –

früher die Trommel schlagend
um uns auf Entfernung
zu verständigen
bändigen
wir heute
die Wellen des Schalls
rufen «Halloh» in den Hörer
und hören
falls
man uns abnimmt
unser Echo im entferntesten Raum –

Nur:
mit der Verständigung
stehts immer noch gleich
wie auf dem Baum!

1971 | **Opus 7**

Jubilate!

Am Anfang schuf Gott den Himmel und die Erde.
Die Erde aber war wüst und leer.
Da sprach Gott: es werde Licht! Und es ward Licht.
Und Gott machte das Firmament. Und er trennte das Wasser vom Land und machte die Erde fruchtbar.
Er schuf die Sonne und den Mond, und er schuf die Wesen, von denen das Wasser wimmelt, und die Vögel nach ihren Arten, das Wild des Feldes, das Vieh und alles Gewürm des Erdbodens, und er schuf den Menschen nach seinem Bilde, als Mann und Frau.
Und er segnete sie und sprach:
Seid fruchtbar und mehret euch, und erfüllet die Erde und macht sie euch untertan! Und herrschet über Fische, Vögel, Vieh und alle Tiere, die auf Erden sich regen!

Und siehe, der Mensch ging hin und war fruchtbar und mehrte sich, und er machte sich die Erde untertan
    und füllte sie mit Abfall, hüllte sie in Müll
    Vergiftete den Himmel mit Düsengebrüll
    Verpestete das Lebensspend-Element
    Mit Wohlstandsschmutz und Konsumexkrement
    Verdreckte immer blinder und immer geschwinder
    Im Zeichen des Fortschritts die Welt seiner Kinder –
    Die Meere versaut
    Die Luft voll Fallout –
    Seid fruchtbar und mehret euch, heissts in der Schrift
    und füllet die Erde
    Hallelujah!
    Mit Abfall und Gift –

Und siehe, der Mensch ging auch hin und herrschte über die Fische im Meer und die Vögel des Himmels, wie der Herr es ihn geheissen, und über das Vieh und alle Tiere, die auf Erden sich regen.

    Und er herrschte mit Macht und hart wie Granit
    Verfolgte zum Spass, brachte um zum Profit
    Und rottete aus Tier um Tier
    Schnitzte aus Zähnen Souvenirs
    Erschlug das Junge, das ihm vertraut
    Und hüllte den Wanst in die seltene Haut –
    Verfolgte die Wehrlosen
    Killte die Gewehrlosen –
    Herrscht über die Tiere, so ist es belegt
    Die auf Erden sich regen
    Hallelujah!
    Bis sich keines mehr regt –

Und Gott der Herr sah, dass es nicht gut war, und er rief den Menschen zu sich und er sprach zu ihm:
Am Anfang war die Erde wüst und leer, du erinnerst dich? Wenn du aber so weitermachst, dann wird sie auch am Ende wüst und leer sein.
    Denn du herrschest mit Macht und mit Gier und Gewehr
    Über die Vögel des Himmels, die Fische im Meer
    Über die Tiere waldein waldaus
    Und was wild ist, das zähmst du oder rottest es aus
    mit Geknall und mit Fallen und mit Abfall und Gift –
    Du lässt die Chemie ins Wasser fliessen
    Der Ozean voll Öl, Pestizid auf den Wiesen –
    Die Hauptsache, glaubst du, dass es dich nicht mehr trifft …

    Mir wird speiübel
    Und was tust du?
    Du zitierst die Bibel!

    Doch der liebe Gott sprach ins Leere
    Denn in diesem Moment
    War der Mensch bereits wieder
    An einem weltweit erfolgreichen
    neuen Atomexperiment –

    Hallelujah!

1971 | **Opus 7**

Make love, not war!

Vor zehn Millionen Jahren
Brüder, Schwestern
also vor-vor-gestern
forderte ein Teil unsrer Vierfuss-Vorfahren
Autonomie

Vor fünfzigtausend Jahren
Brüder, Schwestern
also vor-gestern
enstanden aus dem Revolutionär
von vorher
Sie – und Sie
und Sie und Er

Heute
Leute
atomar-erfahrene Nachfahrn
zottiger Meute
Heute
sind wir drauf und dran
geistig und technisch haushoch überlegen
den Ast, auf dem wir hocken
ab – zu – sä – gen ...

Freunde!
Hominiden!
Unterschreibt die Verträge
gegen die Säge!
Verteilt die Plätze auf dem Ast gerecht
damit er nicht bricht
trotz Verzicht
auf Privilege
trotz der Gefahr
dass der Sägmehlpreis steigt –

Denn kein Preis ist zu hoch
für den Traum von einem Baum
mit ganzen Ästen –

Vergesst nie
gemästete Enkel der Bananen-Ahnen
was wir andern immer gern ans Herz zu legen
pflegen:
Wer auf dem Ast sitzt
soll nicht mit Sägen
sägen!

Lasst uns diese Erde
diese liebens- und lebenswerte
lasst sie uns erhalten –
Lasst uns unsre Äste nicht zu Kleinholz spalten –
Lasst uns uns so benehmen
dass sich die Vettern
aus den tieferen Blättern
unser nicht schämen!

Noch ist es Zeit
allerhöchste Zeit wie nie zuvor
Aber noch ist es Zeit
für den nackten Aff

to make love
not war
love
not war
love
not war!

1971 | **Opus 7**

Alpsegen

*Der Senn und die Sennerin singen,
tanzen und bödelen*

Deet wo die klare
Bäch vo de Gletschere
Sit tuusig Jahre
Is Tal ahi pletschere –

Deet wohnt en struttige
Stotzige, chruttige
Chräblige, säblige
Chärnige Schlag.

Deet wo die grüene
Matte, die heuige
Voll sy vo Chüehne
Vo chätschige, chäuige –

Deet wohnt en lässige
Meimeiesässige
Rässige, chäsige
Gfrässige Schlag!

    Deet gits kä Gift im Chlee
    Gits e kä Dräck im See
    Gits i de Luft kä Blei
    Deet sy mir gärn dihei –
    Röschti u Chalbsgotlett
    Felche usem See, wär wett
    Nidle früsch vo der Chueh
    Und Öpfel derzue
    Juchhee!

Loosid s Echo…!

    s Gotlett und s Brot isch
    antibiotisch
    d Fisch usem Teich:
    Vom Wöschpulver bleich –
    d Nidle wird chemisch gschützt
    d Öpfel sind gsprützt – und was
    d Muettermilch betrifft
    isch au die scho voll Gift –
    Juchhee!

Schöön gällid…!

Deet wo die bööse
Stüübige Lauene
Sich lööse u chrööse
U is Tal ahi sauene –

Deet wohnt en lärchige
Urchige, wärchige
Chögig ellbögige
Gmögige Schlag.

Lass dyni Öige
Durs Ländli deet zöiggle:
Müggli u Flöige
U Löigeli göiggle –

Chätzli tüe chrällele
Geissli tüe schällele
Ja dasch en bhäbige, gäbige
Überläbige Schlag!

Loosid s Echo…!

   Es tüe d Spekulante
   jedes Bärgdorf verquante
   Die ganzi Natur
   voll Infrastruktur –
   de Bode vergiftet
   u abgholzt u gliftet
   I Flüss u i See
   chasch nümm bade
   Juchhee!

Schöön gällid…!

Und tuets stinke und staube
Hilft eus euse Glaube
Mir sy nid wie anger
Das hätt grad no gfählt –
Mir bätted, dee Glaube
Söll eus niemerz raube
De Glaube a die heili
Helvetischi Wält –

Loosid de Alpsäge:

   Herrgott, bhüetis vor Unbill und Gfohre,
   vor de Rote und de Grüene, de Atomgegner,
   de biologische Alternativler und andere
   Spinner –
   Mir hei kei Zyt für das
   mir hei nu Zyt
   für de Profit
   Gescht u hütt u immer…

700 Jöhrli
tüe mir scho jödele
Neumödischi Gföhrli
chöi üüs nid bödele –

Kä Gift und kä Ruess
Und kä Smog und kä Plaag
Verschreckt sonen stotzige
Chotzige, chlotzige
Markig infarkige
Rüehrige, hüerige
Vo Mändig bis Fryttige
Gyttig profitige
Aber am sibete Tag
Gottfürchige Schlag!

Sie tanzen und bödelen
wie der Lumpen am Stecken

1971 | **Opus 7**

Dialog im Zoo

*Tante Hermine aus dem Bernbiet besucht mit Schorschli,
ihrem Enkel aus Basel, den Zoo.*

Sie	Lue itz, Schorschli, das sy itz d Affe.
	Das isch itz s Mönschenaffehuus.
	Lue wie das vou isch vo Affe –
Er	S isch halt Sunntig hütt …
Sie	Lue da, das sy itz die mit dene länge-n-Ärm,
	wie heisse itz die scho wider – das sy kurligi gäu –
Er	Stamme mir vo de Schimpanse ab, Tante Hermine?
Sie	Das da, ja das sy Schimpanse.
	Lue wie sy das luschtigi, Guguus, bisch e Liebe gäu …
Er	Stamme mir vo däne ab, Tante Hermine?
Sie	Eh auso, wär seit o so öppis …
Er	Dä glycht aber em Unggle Kobi.
Sie	Auso Schorschli, nimm di zäme.
	Dä isch ja viu grösser, der Unggle – u nid eso schwarz.
	Emu nid überau.
	Gäu du. Lue itz chunnt der anger – dir syt aber zwöi härzigi.
Er	Gäll mir stamme vo däne ab?
Sie	Nei, mir stamme vo Adam und Eva ab, was redsch o.
	Rede si bi dir diheime so Züüg?
	Lue itz, wie sy das fröhlichi – wie heissisch de du – u du? –
	Eh aber, was isch o das, schämsch di nid?
Er	Ou, was dä macht …
Sie	Chumm, lue da äne, die mit dene länge-n-Ärm,
	wie die chöi turne.
	U lue dert, wie dä lueget, das isch gloub e Gorilla …
Er	Was mache die jetzt mitenand, Tante Hermine?
Sie	Eh auso, was isch o das – spile tüe si haut –
	chum itz mir göh zum Gorilla –
Er	Dä hani scho gseh. Dä glycht au em Unggle Kobi.
	Dä het das au gmacht.
Sie	Was het dä o gmacht?
Er	So Spil, wie die –
Sie	Der Unggle Kobi? Nie!
Er	Dängg der Gorilla. Stamme mir vom Gorilla ab?
Sie	Mei, we di der Herr Pfarrer ghörti.
Er	Hänn das Adam und Eva au gmacht …?
Sie	Auso Schorschli, itz wott i nüt meh söttigs ghöre!
	Schäme söttsch di – dir euch o – vor some-ne chlyne Bueb.
	Vo so öppisem stamme-n-i emu ganz sicher nid ab!

1971 | **Opus 7**

Hausaufgaben

*Er am Telefon. Sie erscheint immer wieder, mit Strupfer und Kessel,
mit Schulbuch, mit Spenglerwerkzeug*

Er   Isch do d'Sanitärinstallation Rohr AG? Grüezi! Loosesi Fröllein, wär isch
     do zueständig bi Ihne – es isch wägere Duschi, wo nüm funktioniert – –
     Wenn-me si laufe losst, sprützt's Wasser im Lavabo use –
     Sie kommt mit Kübel, Strupfer, Rechnungsbuch
     Könnesi öpper verbyschigge – – Y weiss nit, es muess öppis in der Wand, in
     de Leitige – – Wär? Der Herr Zogg? Also guet, gänn s mer dä. Was isch?
Sie Jetzt sitzt de Niggi scho bald e Stund a dere Rächnig und hät e kei Ahnig.
     Ich ä nöd.
Er   Zeig schnäll – Halloh? – dasch doch ganz eifach –
Sie De Siphon gurglet wider eso komisch – *ab*
Er   *liest aus dem Buch* «Zum Verlegen von Leitungen offeriert die Firma Birrli
     in Birrwil...»
     Halloh? Grüezi Herr Zogg! Keiser. Loosesi, bi uns – – was? Aber jetzt het doch
     's Fröllein gseit, es gäb-mer der Herr Zogg – in de Ferie? – Jä guet, denn
     verzelli's halt nonemol. Also: wenn-me bi uns d Duschi laufe losst, denn
     sprützt's im Lavabo statt unter der Duschi – das isch doch nit normal! Und
     der Siphon gurglet eso komisch – Könne Si bitte – – der Herr Bär? – Also
     sueche's-en. Nei y wart. Merci, Herr... *Sie geht vorbei*
Sie De Niggi sött inere Halbstund i d'Schuel –
Er   Wonich in d'Schuel gange bi, het mir au niemerz ghulfe. Ych ha alles ellei
     usegfunde!
     liest
     «Zum Verlegen von Leitungen offeriert die Firma Birrli in Birrwil 10 Arbeiter,
     die bei einem achtstündigen Arbeitstag 13 Tage brauchen. Wie lange braucht
     die Firma Nüssli in Nusswil für die gleiche Arbeit, wenn dort 15 Arbeiter bei
     einem nur sechsstündigen Arbeitstag eingesetzt werden?»
     Sie kommt zurück
Sie De Niggi hät anderthalb Jahr übercho, das chan doch nöd stimme?
Er   Wenn dä Bueb nur eimol logisch überlege wurd. Aber ebe, jedi frei Minute
     am Verdubligsschirm, däm längts am Schluss nit emol zur Firma Birrli –
Sie Rächne's doch gschwind us, susch hät er wider e Ströfzgi – *ab*
Er   Also:
     er notiert
     Birrli, Birrwil, 10 Arbeiter, 13 Tag
     Nüssli, Nusswil, 15 Arbeiter – also e Drittel meh! – in – eh wie lang hänn die?
Sie Das wott-me ebe wüsse!

Er Aha – e Drittel meh, logisch oder? Wär schwätzt denn do immer dry jäsoo –
nimmt Telefon auf
Halloh? Sinn-Si scho lang do? – Herr Wär? Herr Bär! Freut-mi! Het-me Ihne scho verzellt – – Also es isch eso: unsri Duschi het e Defäkt – wenn-me si astellt, denn sprützt's im Lavabo. Und der Siphon – –
Nei, d'Leitige sinn in der Wand, Unterputz, jä. – Was sinn Sie? Si sinn nur für Ufputz zueständig?

Sie Für de Ufputz bin-ich zueständig.

Er Psst! Wär? Der Herr Wurgler? In Gottsnamme denn gänn's-mer dä. Was isch er? He denn söll er zrugglütte, aber pressant. Merci, adie Herr eh – –

Sie Aber de Nüssli häts doch gschwinder!

Er Het was gschwinder?

Sie Da, die Rächnig. De hät doch 15 Arbeiter.

Er Worum heiss ich nit Nüssli. Ich telifonier wiene Irre, und ha no nit emol ei Arbeiter.

Sie De Birrli hät nu zäh.

Er Was?

Sie Nüssli. Eh – Arbeiter.

Er 15 Arbeiter isch e Drittel meh als zäh, klar? Also bruuche die doch au e Drittel meh Zytt, logisch, oder?

Sie E Drittel weniger Zytt, wänn's doch meh sind!

Er Wieso weniger – jaso klar, e Drittel weniger – natürlig! Het das der Niggi nit usegfunde?

Sie Doch scho, aber die schaffed doch nur 6 Stund am Tag!

Er Wär?

Sie Die Nüssli vom – – die vom Nüssli!

Er So schön möchti's au emol ha!

Sie Ghörsch wider, wie das gurglet!
Telefon läutet

Er Halloh? – Wär? – Herr – Gurgler? – Herr Wurgler – dasch jo jetzt glych – bi uns sprütze sit 6 Stund d'Nüssli zum Siphon us – 's Wasser – usem Lavabo. – Nei, numme wenn me under der Duschi gurglet –

Sie Was isch ächt jetzt, es gurglet nümm …

Er Loosesi, es isch dringend – schigge Si bitte 15 Arbeiter verby – was? Nei kei Hotel, en Eifamiliehuus, – Natürlig göhn au weniger, d'Firma Nüssli bruucht au numme zäh – nei d'Firma Birrli – – wie isch jetzt das: 10 Arbeiter bruuche 13 Tag, wenn-si 8 Stund schaffe – – Wie lang schaffe Si pro Tag, Herr… Halloh?

Sie *kommt*
De Niggi sött doch i d'Schuel –

Er   Jetzt gurglets scho im Telefon –
Sie Häsch-es nonig usgrächnet?
Er   Herr Gurgler, halloh – ischene nid guet? –
Sie 15 Arbeiter schaffed 6 Stund pro Tag –
Er   Das macht 90 Stund pro Tag, oder! – Halloh? Wär isch do? – Der Chefmonteur? Gottseidangg! Also was isch, kömme-Si? – Was? Was mer wänn?? – Was mer wänn frogt dä!!
Sie Wüsse wämmer, wie lang d'Firma Nüssli bruucht, wänn d'Firma Birrli 15 Tag lang 10 Arbeiter – –
Er   Du machsch ei Durenand! D'Firma Birrli het 13 Tag, so isch das, dört schaffe-si 8 Stund, verstöhn-Si, und jetzt sötte-mer wüsse, wenn die 10 Arbeiter hänn und die andere hänn 15 – – wie? Si kömme nit drus? Aber Si sin doch Chefmonteur, oder? – – Aha, natürlig – es handlet sich au no um e Lavabo wo sprützt statt das-es duscht – jetzt verzelli das zum x-te Mol! Y ka doch nit jede Morge ins Lavabo sitze zum Dusche – – e Ma sotte-mer ha
Sie D Rächnig sotte-mer ha!
     ab
Er   Und d Rächnig sotte-mer ha – natürlig erscht, wenn Si das Ganze repariert hänn – also isch das jetzt klar, Herr eh…
Sie *kommt* De Niggi häts!
Er   Der Niggi hets? Na also – Halloh, blybe-Si am Apparat! – Wie lang?
Sie 2 Minute! Drüümal draghämmeret, jetzt laufts wider!
Er   Wievyl Arbeiter?
Sie Nu ein, nu de Niggi! – De Siphon gurglet ä nümm!
Er   Halloh, sinn-Si no do? Loose-Si, es isch alles – Keiser, in Birrwil – y mein in Hottinge. Nit Ihr Gebiet? Umsobesser, es isch nämmlig jetzt – – Was hänn-Si usgrächnet? 15 Arbeiter bi 6 Stund täglich – wievyl? – 11,5 Tag – Usgezeichnet, vyle Dangg, das goht prima – wenn? Erscht in 4 Monet möglig? – Macht nüt, wenn i jetzt nur emol das weiss. Beschtens! Adie, Herr… eh… *hängt auf*
Sie *kommt* Am Niggi langets nümm i d'Schuel, de isch durch und durch nass!
Er   Jetzt woni krampft ha, bis-mer die Rächnig hänn –
Sie Derfür lauft d'Duschi wider.
Er   Was me nit alles macht für syni Kinder.

1971 | **Opus 7**

Plakat   Jürgen von Tomëi

LÄUBLI + KEISER
OPUS 8

Im Menschenzoo

Im Menschen-Zoo
da geht es zu
auf keine Kuh-
haut geht das –
Da gibt doch jeder
wenn er kann
wie ein Wald
voll Affen an –
Da wackeln Weibchen
voller Lust
da schlagen Männchen
sich die Brust –
Da geht es zu
im Menschen-Zoo
da geht es zu
bei Menschen, so
wie ich und du …

Da spielt die Geiss
von nebenan
mit dem Herrn Wolf
Golf –
Und der Herr Bär
blickt ganz verquer
der mag die Geiss
zwar gar nicht sehr
doch dass nun aus-
gerechnet der
mit dieser Geiss
(die ist doch schwer
hinter allen her …)
das findet Bär

Ordinär –

Die Büffel grasen
in den Strassen
Ochsen rasen
querfeldein –
Am Zebrastreifen
keift ein Huhn
manch dumme Gans
hat nochmals Schwein –
Dort blökt ein Schaf
im Katzenpelz
ein Sechzehnender
geht auf Pirsch –
Nicht jeder zwar
der Hörner hat

ist ein Hirsch –

Nach aussen hin
herrscht die Moral
doch kommt die Nacht
erwacht die Brunst –
In Schuppen strippen
süsse Puppen
um der Ziegen-
böcke Gunst –
An Ecken lockt
die Nachtigall
die Amsel flötet
geilen Gäulen –
Gehst du ran
und schaust sie an

sind's alte Eulen –

Die grossen Tiere
die regieren
von viel Kleingetier
umrahmt –
Im Steueramt
sitzt der Polyp
durch das Finanzamt
trabt der Stier –
Im Stadthaus schlägt
der Pfau das Rad
und im Büro
des Strassenbaus
da plant jahrein
da plant jahraus

der Vogel Strauss –

Im Menschen-Zoo
da geht es zu
auf keine Kuh-
haut geht das
Ein jeder brüllt
so laut er kann
gibt wie ein Wald
voll Affen an –
Da streut man Perlen
vor die Säu
und mit den Wölfen
heult der Leu –

Was machen Sie
als Rassetier?
Sie heulen mit
genau wie wir!
Denn Sie gehören
auch dazu
zum Menschen-Zoo
voll Futterneid
Betriebsamkeit
Rivalenstreit
Gestank und Zank
voll tierisch ernster
Heiterkeit
gehörn dazu
darwinseidank!

Da wackeln Weibchen
voller Lust
da schlagen Männchen
sich die Brust –
Ein jeder brüllt
so laut er kann
gibt wie ein Wald
voll Affen an
fletscht das Gebiss
wie ein Pavian
und ist im Grund
ein armer Hund –

Im Menschen-Zoo
gings besser zu
wärn alle so
so comme il faut

wie ich und du!

1974 | **Opus 8**

Die Strassenlampe

Sie   Häsch übrigens jetzt aglütte?
Er   Wo? Wäm?
Sie   Uf d Stadt? – He wäge däre Lampe!
Er   Jäso – nei nonig –
Sie   Chönntsch nöd jetzt …
Er   Jetzt? Zmittst imene Programm? Y weiss nit – s isch jo e privati Aglägeheit –
Sie   Jede ander Bruefstätig erledigt syni Privattelifon doch au im Gschäft –
Er   Jo scho, aber – um die Zytt isch doch niemerz meh dört …
Sie   Die händ sicher en Pikettdienscht –
      Holt ein Telefon
Er   Jetzt, wo si überal spare? – Y weiss au gar kei Nummere …
Sie   *Stellt Nummer ein*
      Ich chönnt ja au alütte, du häsch en Huuffe z tue, ich weiss – aber du machsch
      das sovyl besser, mit dynere natürliche Autorität –
      Gibt ihm Apparat
      D Nummere isch ygstellt!
      Geht ab
Er   Das isch strofbar, du weisch es – Vergewaltigung in der Ehe!
      Si entschuldige mi e Momänt … halloh? – Gsehsch, s isch niemerz dört …
      Oh Halloh – wie? EWZ Pikettdienscht? – ja – richtig – Guetenobe Fröllein –
      Lamponi? –
      Dasch jetzt luschtig, i lütt nämmlig a wäge … mer hänn do ebe e Problem,
      wo glaub scho Si agoht, das heisst s Elektrizitätswärk –
      mit wäm könnte Si mi verbinde – wär het d Stroosselamponi … eh … lampe
      unter sich?
      Nei, nit e Defäkt – im Geegeteil – si stört uns bim Schloofe – Gärn, danggschön, Fröllein – Lamponi –
      Das heisst jo gar nit Lampe, irgend e Beeri heisst eso … Ja? Halloh? Grüezi
      Herr … Lauber? Freut mi, Keiser isch do, Kreis 7, Freiestrooss 59 – mir hänn
      do e Problem vorem Zimmer, e Strosselampe wo grad eso blöd ynezündet,
      könnt me do öppis mache?

      He si isch ebe – genau wenn me im Bett liggt, also nit ufem Rugge,
      uf der Sytte, isch si hoorscharf uf der Hööchi vo de Auge –

      Nei nit my Bett, das vo mynere Frau – ych lig an der andere Wand, mit der
      Kopfete anderstumme, aber my Frau wott ebe unbedingt nach Oste lige,
      wäge de Magnetström – si isch drum bsunders …

      Klar macht si d Auge zue bim Schloofe – aber das pfyfft ere grad dure, die
      Bire isch ebe so stargg. Nei, lieber kei schwecheri Bire, will – für d Strooss
      isch si jo prima, numme für im Bett isch si …
      Jä? – Aha – Momänt –
      Ruft
      Du söllsch di doch umdrülle, seit er!
Sie   *Ruft Unverständliches*

Er Jä das nützi nüt. Mi Frau liggt immer umdrüllt im Bett, zum Yschloofe, aber denn, wenn si schlooft, drüllt si sich automatisch wider zrugg – und scho pfyffts ere wider dry – –
Hän Si? das wär super – e Fachma – gärn, merci! Adie Herr... wie het er jetzt gheisse...
Lauber!
Lau-Bär –
Bär-Lauch – –

Halloh? Ah, grüezi – ha Si gar nit ghört – Wie? – Ich? Nei Ihre Kolleg heisst Lauber. Nei das isch mer nur so usegrutscht, y ha ebe nümm gwüsst wien er heisst –
Jo, Lauber! Dasch mer denn ebe wider in Sinn ko, drum han is gseit –
Nei, ych bi nit der Herr Lauber, ych bi der Herr... eh... Wie isch Ihre Namme – Wanzeried? – Ich bi der Herr... eh...
Mer hänn do ebe e Lampe vor em Huus, kei sehr glüggligi Lös... Keiser! – Ych bi der Herr Keiser.
Und my Frau, ebe d Frau Keiser, die... wie? – Wär – my Frau??
Ah Si rede vo der Lampe! Doch, die isch scho häll gnueg – die isch meh als... die isch ebe z häll, die blitzt mynere Frau diräggt in d Netzhutt bim Schloofe – – –
nei das hämmer scho besproche – nei mitem Herr Bärlauch – nützt ebe nüt, will si drüllt sich automatisch wider um, und scho pfyffts ere wider dry –
Nei, mer könne s Bett nit verstelle, wäge de Magnetström –
hänn Si au? Eh lueg a – denn sinn Si au so empfindlig... – – –
Ruft
Söllsch doch e schwarze Vorhang anemache, meint der Herr Dings... eh Wie isch scho wider Ihre Namme?

Sie *Ruft Unverständliches*

Er Momänt!! – Wie bitte? Wanzeried!
Sie *Ruft*
Er Was seisch?
Sie *Ruft*
Er My Frau ka nit schloofe mit zuenigem Vorhang – wie? – – – Aber edäwäg kasch jo au nit schloofe, seit er, denn kunnts jo ufs Glych uuse ...
Loose Si Herr Wanzeried, kömme Si doch am beschte emol verby, leege Si sich ufs Bett, und luege Si sich die Situation emol a – s isch wirgglig e Problem, my Frau isch mit de Närve scho ganz ... was? – natürlig, amene Obe, wenns so richtig ynepfyfft – Näggschte Fryttig?
Ruft
Goht dir der näggscht Fryttig Zobe? Der Herr Wanzeried käm go luege was si könne mache, er muess ebe der Yfallswinggel mässe –
Wie gross sinn Si? Jee so glai? Jä denn stimmt natürlig – – Si müen halt denn ganz uffe lige, sunscht hänn Si jo der Kopf unter der Deggi – Kömme Si am Fryttig, leege Si sich ins Bett, und luege Si sich das Ganze emol a.
Sie *Kommt*
Aber los emal, dee cha sich doch nöd eifach i mys Bett legge – das han ich dänn gar nöd gärn –
Er Aber er muess doch! Er muess doch der Yfallswinggel mässe!
Sie Dasch mer also gar nöd sympatisch – de Winkel isch eifach ... isch eifach waagrächt – diräkt i d Auge ...
Er Das mit em Winggel verstöhn die vom Elektrizitätswärgg besser ...
Sie Das gaht mer also ganz gäge de Strich –
Er Jä entweder s Liecht in den Auge oder der Herr Wanzeried im Bett –
Sie isch mer gar nöd sympatisch –
Er Also s isch in Ornig, mer erwarte Si am Fryttig, uf die achti –
Sie Hoffentlich isch s en appetitliche –
Er Er übernachtet jo nit by der! Wie? – Nei, my Frau het ... eh – – das goht jo nit lang, oder, dä Kontrollpfuus? Si übernachte jo nit do – haha ...! – Ebe – –
Er könnt gar nit, au wenn er no wett – Är het au so magnetischi Strömige – är muess anderst lige als du – Wie? Gege Süde? – Ebe gsehsch –
Also – fein am Fryttig am Achti bi uns im Bett –
danggschön vylmol, Adie Herr ... eh ...
Hängt auf
Sie Dänn heisst er au no Wanzeried ...!

1974 | **Opus 8**

Computerferien

Also neuerdings verfüettered's
Vättere, Müettere
Grossmüettere, Brüedere
Was wott uf d Reis, ja
und nöd weiss: nach Malajsia
oder lieber in Norde,
verfüettered's Horde
vo Urlauber-Sorte,
Verfüettered's luuter
Ferieryffi
amene Computer.

s git Programm, spezielli
für d Muetter, für s Nelly,
wär wie alt isch und weli
Wunschträum und Gebräche
wär het (Sytestäche
zum Byspil bim Styge?) –
Wär spilt Schach, wär Gyge?
Allergisch uf Fyge?
Der ganz Tag nur lutter
so Inputs vertreit
numme de Computer.

s Mami möcht das Dings
das Programm une links
mit de Welcomedrinks hinder der Sphinx!
D Tante möchts schattig
und mattig, nöd mulattig
und am liebschte miech de Unkle
wider Batik –

Im Ozonloch go röschte
findet s Fränzi am gröschte
De Mike hät es Gschleik
mit sym Mountainbike,
s Omi wott chlättere
de Böbeli pflättere
und de Vatter wott jasse
mit andere Vättere –

Die eint möcht an See
de ander in Schnee
und de dritt cha d Chnüü
chuum meh büüge,
em Hund wirds bi Wälle schlächt
mir wirds vom Bälle schlächt
und de Ätti muess ligge bim Flüüge –

De Computer schluckt
ohni Salz oder Soosse
dee ganz Katalog
vo Ferieneurose,
integriert jede Wunsch,
kombiniert jede Traum,
und präsentiert
zletschtamänd was mir wänd:

E Mickeymouse-Safari
im Disneyland.

1974 | **Opus 8**

Luscht am Verzicht!

*Rasanter Auftritt der beiden Frauen im selbstgewirkten, modischen Outfit:
Sr. Anna und Sr. Lisa überbringen missionarisch ihre Botschaft
einer weiteren fiktiven Frau*

Beide   Mir chömed vo de Liga vo de befreite Schwöschtere
Lisa   Hänzi en Momänt Zyt?
Anna   mer chömed grad am beschte yne
Lisa   nett händ Sis da
Anna   risch – risch –
       Grossbildschirm mit drüü Kontrollmonitore
Lisa   Aircondition
Anna   Palisanderwohnwand –
Lisa   d Abwäschmaschine lauft
Anna   d Bar isch au voll
       Doch, mer sind am richtigen Ort, Schwöschter Elisabeth!

Anna   Törfed mer eus na vorstelle:
        Schwöschter Anna, Brigade-Korporal
Lisa   Schwöschter Elisabeth – ich bi eigetli suscht bi de Musig: Tuba!
        Si ghöred sicher au zue dene Grüene Witwe
        wo de ganz Tag nüt z tue händ –
Anna   zue dene Luxuswyber
        wo underem Konsumterror läbe müend –
Lisa   Gsehnd Si, Si sind euse Ma!
        Frau …? Hugetobler!
Beide   Schwöschter Hugetobler!
        Mir chömed vo de Liga vo de befreite Schwöschtere!

Anna   Früehner simmer gsi wie Si –
        Zyttotschlägerinne
Lisa   unersettlichi Wohlstandsnutte

        Myni Liebe!
        Ja au ich bin e Wohlstandsnutte gsi, ich gib's zue,
        han nüt anders gwüsst als mir de schwerverdient Zapfe
        vo mym Heimarbeiter ad'Figur z'hänke –
        de ganz Tag creme und salbe, Augeschatte da und falschi Wimpere det,
        Schönheitsbad und Falte-Lotion und sibe verschidefarbigi Perügge –
        jedem Zwang vo de Konsummanipulation han-ich mich higäh – luschtvoll!
        Aber wänn myn Schwerarbeiter heichoh isch, hät-er mich nöd törfe alange:
        d Gsichtsmaske bletteret ab!
        Vertrucksch-mer ja die neu Chinchillabluse!
        Gsehsch jetzt, jetzt simmer d Augewimpere i Cocktail gfloge –
        Bi de sältene Intimiteete hät-er dauernd müesse ufpasse,
        dass mir nöd d Haar verrutsched oder dass s Rundbett nöd verrumpflet,
        will det chamer doch d Lyntüecher eso schwer azieh gällezi –
        Ja so hät mys Konsumglück usgseh – alles han-ich gha:
        Zweitfernseher, Zweitwage, Zweitleopardemantel, Zweitfründ –
        aber je lenger je sältener han-ich myni Manne im Hemd
        und je lenger je mehr han-ich si fremd gseh – und warum?
        Will ich verbländet gsi bin! Verbländet durch d Luscht am Konsum!
        Und will ich die einzigi wahri Luscht nonig kännt han:
        D Luscht uf de Verzicht!

Beide singen
Schwöschter, gänzi eus d Hand!
Chömedsi i eusi Reihe
löhndsi sich befreie
vo Flitter und Tand!
Mit-em Überfluss
isch sowiso bald Schluss
und scho in Sicht
isch s allerjüngschte Gricht
Schwöschter
chömedsi doch a eusi Bruscht
und lehredsi d Luscht
am Verzicht!

Lisa   Schwöschter Anna – jetzt sind Si a de Reihe!
Bychted-Si!
zu Frau Hugentobler
Was meinedsi, Ihre Ma chunnt bald hei?
Nümm lang, Schwöschter Hugetobler, nümm lang!

Anna   Myni Liebe!
Au ich – freudig gib ich s zue – au ich bin e konsumsüchtigi,
umsatztüchtigi Veuve Cliquot gsi –
De ganz Tag hät myn eheliche Privatbancomat müesse Banknote röllele,
damit ich si am nächste Tag wider han chöne in Umlauf bringe –
Am Morge Masseur, am Namittag Coiffeur.
Zabig Parties und Vernissage –
und die ewige Schauspilhuus-Première –
pro Wuche drüümal Ballett bim Klasowsky –
Ja au ich bin hörig gsi, luxussüchtig, vo euse Gnome manipuliert –
Aber das isch verby, Schwöschter Lisa –
Lisa   Ändgültig verby. Mir wäsched eus wider mit Schmiersöife –
Anna   En Teint wienen alte Parkettbode!
Lisa   Euse Jaguar staht im Garte, als Chüngelistall umfunktioniert
Anna   Sit mir eusen Tüüfchüehler abgstellt händ, sind alli Hüehner uftaut
und leggid Eier!
Lisa   Trägedsi au sälberglismeti Underwösch?
Anna   De Kari machts ganz veruckt! Und Ihren Paul?
Lisa   De isch nonig uf de Verzicht sensibilisiert. En richtige Verzichts-Muffel.
Anna   Chunnt no, Schwöschter Lisa!
Myn Kari isch geschtert zum erschtemal freiwillig in Räge use –
Lisa   goge dusche?
Anna   goge's Gschirr abwäsche!
Lisa   Statt Raclette-Parties mached mer jetzt Bicyclette-Parties –
es Bild säg ich Ihne: eusi neurotische Mammonschuufler, wo im Chreis
ums Cheminée höckled und Veloschlüüch flicked …

Anna   Mir läsed deby us de Sex-Bible vo eusere
grosse Schwöschter vor –
Lisa   Vo welere?
Anna   Schwöschter Vilar –
De Zwang zum Verzicht chunnt so sicher wie die nächscht
Diskontsatz-Erhöchig, also gryffed Si dem Zwang vor,
liebi Mitschwöschtere, und funktioniered s en um
zum neuschte Reiz, eifach und schlicht:
Beide   Zur Luscht am Verzicht!

sie singen

Schwöschter, gändsi eus d Hand
chömedsi i eusi Reihe
löhndsi sich befreie
vo Flitter und Tand!

Mir wänd de Verschwändig wehre
mir wänd eusi beide Herre
lehre sich z bescheide –
Eusi beide Money-Chläus
händ bereits scho d Uhre grichtet
nach de neue Zyt – juchhee –
und verzichtet
und verzichtet
und verzichtet
uf eus!
Also, machedsi mit
i de Konsumbefreiigsarmee?
Schwöschter, gändsi eus d Hand
chömedsi i eusi Reihe
löhndsi sich befreie
vo Flitter und Tand!
Mit-em Überfluss
isch sowiso bald Schluss
und scho in Sicht
isch s jüngschte Fertiggricht –
Schwöschter
chömedsi doch a eusi Bruscht
und lehredsi d Luscht
am Verzicht!

1974 | **Opus 8**

Mein Herz ist rein...

Sie   Wir müssen endlich Konsequenzen ziehen
Er   Jawoll
Sie   Beschränkung des motorisierten Verkehrs –
      Umlagerung auf die Schiene
Er   Richtig
Sie   Wachstumsbegrenzung
Er   Genau
Sie   Wir müssen damit endlich Ernst machen
Er   Find ich auch
Sie   Geht uns doch allen ans Lebendige
Er   Jawoll – Jeder muss mithelfen
Sie   Wir alle – Du auch
Er   Die Kantone, die Gemeinden
Sie   Ausnahmslos alle. Auch Du
Er   Genau. Die Industrie, die Wirtschaft
Sie   Und du
Er   Und alle die da
Sie   Und du
Er   Und ich –
      Und ich...?

        Wieso denn ich
        Wieso denn wir
        das fällt doch nicht
        ins Gewicht
        was hinter mir
        was hinter uns
        in die Luft
        verpufft...

Kohlenmonoxyd in Ehren
aber nicht bei uns beschweren!
Richten Sie
Ihre Bitten
an die Spitzen,
wenden Sie sich
an die Grossen
die in ihren stinkfamosen
Omnibussen, LKW's
mitten durch die Gegend flitzen –
Oder an die goldgeschmierten
pseudolinken Wohlstandsfritzen,
die in hochfrisierten Schlitten
mit paar bleichgeschminkten Eulen
durch verstopfte Städte heulen
während wir durch Wälder wandern ...

> Ich bin klein
> mein Herz ist rein
> Was tu ich in dem Verein
> Suchen Sie die Schweinerein
> bei andern!

Sehn Sie so einfach ist das!
Wir wissen zwar, Atomkraft ist gefährlich,
Gen-Manipulation folgenschwer,
die 40-Tönner durch die Alpen eine Katastrophe,
also eine neue Umweltmoral ist dringend vonnöten –
wir wissen nur noch nicht, wer damit beginnen soll.
Weil jeder denkt:

> Wieso denn ich
> Wieso denn wir
> das fällt doch nicht
> ins Gewicht
> was hinter mir
> was hinter uns
> in die Luft
> verpufft –

Umweltqualität in Ehren
aber nicht bei uns beschweren!

Bisschen Auspuff
hier und dort
Bisschen Gift
in den Abort
Motorboot auf dem See
Salz auf dem Schnee
fällt doch nicht
ins Gewicht!

Bisschen Schneckenkörner
bisschen Insektizid
Monoxyd
Dioxin
Öl in die Luft
Altöl ins Wasser
Bäume opfern
Boden betonieren –
fällt doch nicht
ins Gewicht!

Ins Gewicht fällt, ob wir weiter
unsre beiden Wagen fahren können
unsre Zweitwohnung bewahren können
für Urlaub auf den Balearen
sparen können –
denn
Allerorten Krisenzeichen:
Inflationen schleichen
Geld entwertet
Wohlstand gefährdet
Depression in Sicht –
Konsumverzicht!

Wie bitte?
Konsumverzicht!
Ausgeschlossen, das geht nicht –
Konsumverzicht?
Wieso denn ich
wieso denn wir?
Unser Verzicht
fällt doch nicht
ins Gewicht

Lebensqualität in Ehren
aber nicht bei uns beschweren
die wir durch die Wälder wandern
mit nostalgischem Gebet:

    Ich bin klein
    mein Herz ist rein
    verbessert erst die Qualität
    bei andern!

Sehnsucht nach Rueh

Wär kennt das no: Rueh
Fride und Rueh –
Kei Ton, wo-di stört
nur ab und zue
lyslig und fyn
der Wind im Kamin
en Amsle wo singt
e Baby wo lacht
e Baum, wo sich ruschend
im Rägeguss duscht –

Wär kennt no die Rueh ...

Wenn-si heimlig und still
e Geliebti voll Scheu
di umfangt
di beglücke, verfüehre will ...
wird-si packt
und verjagt:
E Motor schreit-si a
E Musicbox
boxt-si an d Wand
E Rasemäiher
mäiht-si zmittst abenand –
Bulldozer johle
Laschtwäge gröhle
Uspüff hüüle
Düse stöhne
Zündige sündige
Höllewäse
uf heisse Bäse
fräse durch d Rueh –
Der Lärme nimmt zue
immer meh zue
hesch gnue – scho lang gnue – –

Wie schön wär das: Rueh
Fride und Rueh –
Kei Ton, wo-di stört
nur ab und zue
lyslig und fyn
der Wind im Kamin
E Wort, en Akkord
e Stimm, wo-di streichlet
Dy Härz, wo Sekunde
in d'Ewigkeit klopft –

Wie schön wär die Rueh …

Wenn-si heimlig und still
e Geliebti voll Scheu
di umfangt
di beglücke, verführe will …
wird-si gschockt
wird-si bloggt:
Stereophonisch verschreggt
Bi Tag und bi Nacht
hetzt-me si schlapp
Und vom Bildschirm
knallt-me si kaltblüetig ab –
Der Lärme nimmt zue
immer meh zue
hesch gnue – scho lang gnue – –

Erscht wenn d'us de Schueh
kippsch
ins Gras byssisch
undere Bode
usflippsch
erscht denn …

Denn ändlig hesch Rueh
Fride und Rueh –
Kei Ton stört-di dört
nur ab und zue
kunnt e Muulwurf verby
uf Ängerlingsjagd
ghörsch e Sandkorn wo rutscht
e Wurzle wo waggst
e Wurm, wo geduldig
am Sargdeggel gnagt –

Denn ändlig hesch Rueh
ändlig hesch Rueh
ewigi Rueh
und hättsch doch vyl lieber
und ghörtisch vyl lieber
und s wär der vyl lieber
de hättisch
de ghörtisch

Bulldozer johle
Laschtwäge grööle
Uspüff hüüle
Zündige sündige –

Höllewäse
uf heisse Bäse
durch d Rueh dure fräse –
Der Lärme nimmt zue
immer meh zue
hesch no lang nonig gnue – –

Ein echter Höllenlärm –
der langsam wieder abnimmt

Lieber Sehnsucht nach Rueh
Lieber läbige Lärme –
d Rueh im Schärme
kunnt früeh gnue …

1974 | Opus 8

Da gab's einen Sparer in Port **S**aid
Der spart schon seit urgrauer Vorzeit
Spart wie ein Extremer
Zum Beispiel indem er
Pro Satz nur noch jedes dritte Wort seit.

Herr **K**laus geht jahrein jahraus jedes-
mal, nur um zu sparen, per pedes
Ins Büro. Konsequent
Tut er das bis zum End
Der Strasse – dort steht sein Mercedes.

Da zeigte uns kürzlich in **A**rth
Die uralte Jumpfere Barth
In einer Schachtel voll Heu
8 Männer, ganz neu –
Die hatte sie alle gespart.

Da rief der Herr Winzer aus **B**inz: Schätzli
Bisch agstriche wie-n-es Provinz-Chätzli
Spar Rouge und Lipsticks
Es nützt sowieso nix
Defür langt's wideremal für es Rindsplätzli.

Da gab's einen Alten aus **M**alters
Der sammelt für die Hilfe des Alters
Er sammle zehn Wochen
Fast ununterbrochen
So sagte er, und dann behalt er's –

Da prahlt die Cilly aus **W**illisau:
Ich, Cilly, bin Willys und Billys Frau!
Come on, don't be silly
Grinst Billy, die Milly
ist meine und Wernis und Willys au!

Eine Striptease-Danseuse aus **B**ülach
Entkleidet sich mit viel Gefühl, ach –
Doch nur Mantel und Jäckchen
Vielleicht noch die Söckchen ...
Weil ich mich sonst, meint sie, verkühl', ach

Da gab's einen lic. oec. aus **F**lims
Der fand die Verschwendg. was Schlimms
Sprach zackig od. knapp
Kürzt zusätzl. alls ab
Und erfand auch die abgek. Lim's.

Da hüpft eine Dame aus **L**ohn
Pro Tag dreimal von dem Balkon
Auf's Pflaster hinunter
Weil ich, meint sie munter
Auf die Art die Schuhsohlen schon'.

Limericks zum Fünften: Sparericks Limerachs

Da seufzt, ach, ein Makler aus **S**euzach:
Im eignen Haus wohnen – mich reut's ach!
Ich vermiet' was ich kann
Und lebe sodann
Auf dem Flachdach, ach, meines Gebäuds, ach …

Da lief eine Dame aus **S**irnach
Stundenlang einem Flab-Offizier nach
Weder Scherze noch Flirt
Hat sein Herze betört
Erst ihr hackiges zackiges MIR NACH!

Da sprach Fräulein Hulda aus **D**ornach:
Wo hab' ich das Dings nur verlorn, ach?
In Flaach oder Bülach –
Mit Jim oder Jules, ach –
Im Zorn, ach, oder am Matterhorn, ach …?

Da rief Fräulein Wissach aus **S**issach:
Wo hab' ich denn nur mein Gebiss, ach?
Seit Wochen (seit zwei
Oder drei) nichts als Brei –
Wie ich mein Gebiss, ach, vermiss, ach!

Da jammert ein Alter aus **L**aibach:
O hätt' ich doch auch mal ein Weib, ach!
Mein Nachbar hat zwei
Aber glaubst du, der leih'
Mir mal eins, ach, nur zum Zeitvertreib, ach …?

Da gab's einen Jüngling in **R**einach
Der eiferte seinem Karl May nach
Eines Tags rief er heiss:
Also sei's! Und voll Fleiss
Schrieb er dreissig Karl Mays (d.h. frei nach …)

Ein Möchtegern-Käptn aus **N**eerach
Träumt von Kreuzfahrten quer übers Meer, ach –
Führ' so gerne zur See
Doch leider, oje
Liegt Neerach nicht am Meer, ach – au contraire, ach …!

Plakat   Karl Schmid

Die Krise

Jetzt ist es auch bei mir soweit
Befürchtet hab ichs lange Zeit:
Ganz plötzlich, gestern früh, da war
die Diagnose sonnenklar –
Nach einer Nacht, – oh Mann oh Mann –,
mit wirrem Traum voll irrer Fraun
Schwank ich ins Bad und schau mich an
und krieg das kalte Graun …

Jetzt ist es auch bei mir soweit
War eine Frage nur der Zeit
denn die Statistik irrt sich nie
auch ich bin über 40, Sie!
Nun endlich hab ich sie auch
diese
Midlife-Krise!

Verzeih Marie-Luise –

Ich war besorgt bis gestern früh
weil alle andern haben sie –
Kam vor mir wie ein armer Knab
im ganzen Midlife-Krisenstab
So ohne Drang nach Zeitvertreib
als Hochseefischer beispielsweis
mit einem jungen Fischerweib
am obern Wendekreis …

Der Alfred flieht nach Ischia
Der Bert schaut nur noch Whisky a
Der Heinz schmeisst hin den ganzen Kram
und wechselt scheints auf polygam –
Nur ich, ich krieg sie nicht hin
diese
Midlife-Krise!

Wegen Dir Marie-Luise –

In Freundeskreis, Büro und Beiz
belächelte man mich bereits
«Nun schaut euch den an, achherrjeh,
lebt immer noch in erster Eh!»
Mein krisenloses Krisenlos
das machte mich zum Paria
Drum riss ich mit Gewalt mich los –
Verzeih mir, Maria …

Ich hoff es ist noch nicht zu spät
fürs Opportunität-à-tête
mit einem jugendblonden Haupt
das mir das ganze Märchen glaubt –
Oh Mann, wie ich sie geniesse,
diese
Midlife-Krise!

Im Spiegel zuckt mein linkes Lid
(nur schade, dass es niemand sieht)
Die Brauen sind krisländisch Moos
die Augenringe krisengross
der Mund frustriert, der Blick wie Blei –
Ich halt mich gut in der Gewalt
und schlage krisenmässig bei-
nah die Kreditanstalt.

Jetzt bin ich auch dabei, Ihr seht es
samt Verdacht auf Diabetes
Pünktlich und usanzgemäss
spukt schon das erste Kranzgefäss –
Spaziert ein femininer Stress
mit langem Bein vorbei, vergess
ich Weib und Kind und Ehestand
das Herz haut an die Kammerwand
die Adern klopfen auf der Stirn
Verbotne Spiele schwirrn durchs Hirn
ich blick und nick und schlucke laut
sodass es alle sehn: Schaut schaut!
Nun endlich hat er sie auch
diese
Midlife-Krise!

Verzeih Marie-Louise …!

Verzell doch no gschnäll die Gschicht...

Gespräch eines Ehepaars vor eingeladenen Gästen

Sie   Gustav, chumm verzell doch no gschnäll die Gschicht,
wo dir geschter passiert isch!

Er   Wieso, das interessiert doch unseri Gescht nit!

Sie   Gustav! Si isch dermasse komisch!
Und d Pointe find ich so umwerfend!
Also dänn verzell ich si – nu churz:
Er rännt, wil er z spat isch, d Haldegass durab –
Si wüssed, une häts doch deet de schlipfrig Rank...

Er   Ich bi überhaupt nit z spoot gsi –

Sie   Häsch doch uf die Drüü abgmacht gha?

Er   Zwüsche drei und vier – aber ich bi nit wäge däm grennt, sondern...

Sie   Aber usgrutscht bisch jedefalls –
und d Frau Diriwächter fangt ihn uf...!

Er   Du verdrüllsch die ganz Gschicht – s isch genau umkehrt gsi:
Nit ich rutsch us, sondern si!

Sie   D Frau Diriwächter?

Er   D Frau Diriwächter het mit em Ganze überhaupt nüt z tue!

Sie   Ja das isch jetzt aber ganz neu!
Gescht zabig häsch doch usdrücklich verzellt...

Er   D Frau Diriwächter het zum Fänschter usgluegt!
Und d Frau Hungerbüehler...

Sie   Ah ja, richtig: d Frau Hungerbüehler hät dich ufgfange –
isch das nöd komisch!

Er   Ich ha si ufgfange! Du kasch eifach nit zueloose.

Sie   Also guet, verzell scho wyter. Jetzt müend Si ufpasse!
Also une, bi dem schlipfrige Rank...

Er   – – bi däm Rank biegt d Frau Hungerbüehler in d Haldegass y –
ich ha si aber nit kennt, will – si isch verdeggt gsi durch...
eh... jä das kani jetzt nit genau sage, sunscht isch der Witz ewägg –
also jedefalls gsehn i d Frau Diriwächter am Fänschter,
die düütted abe –

Sie   Häsch vergässe z säge, dass es grägnet hät –
Gescht häts doch so grägnet am Namittag!
Also verzell wyter – jetzt chunnt dänn d Pointe...

Er   S isch gar nit so komisch! Also ich renn verby, lueg aber zrugg,
wil d Frau Diriwächter so düütted –

Sie   Und dänn häsch si plötzlich i den Arme gha und si hät gseit …

Er   Die het gar nüt gseit, die het nur düütted!

Sie   Also Gustav! Jetzt häsch doch usdrücklich verzellt,
wo du si i den Arme gha häsch, heb si gseit …

Er   Aber das isch doch die ander!

Sie   hät si gseit?

Er   Het wär gseit?

Sie   D Frau Diriwächter!

Er   Sag emol – han ich die Gschicht erläbt oder du …?

Sie   Also guet – verzell scho wyter. Jetzt chunnt dänn d Pointe!
Si müend sich vorstelle: Er, ungschickt wien er halt emal isch,
fangt d Frau Diriwächter …

Er   Hungerbüehler!

Sie   … uf – es rägnet in Ströme – und dänn hät si erst no de Schirm
offe i de Hand …

Er   Also du vertrampsch scho jedi Pointe!

Sie   Wieso, dasch doch no gar nöd d Pointe?

Er   Aber das muesch doch nit zum Vorus sage, das mit em offene Schirm –
sunscht isch doch d Pointe im Eimer!

Sie   Also das verstahn ich jetzt nöd.
Entweder me chan e Pointe richtig verzelle oder nöd –

Er   Ah so – ich ka kei Pointe verzelle!
Wenn du das mit em offene Schirm vor der Pointe verrootsch,
denn lacht doch kei Mensch meh –

Sie   Je meh du uf dem offene Schirm umerytisch, desto weniger lacht öpper,
dasch mer scho klar …

Er   Ych rytt doch nit druff umme, sondern du!

Sie   Verzell doch du in Zuekumft dyni komische Gschichte elleige –

Er   Du hesch si jo welle verzelle, gar nit ych.
Du findsch si jo komisch – ych überhaupt nit!

Sie   Ja ich find si langsam sehr komisch, würkli sehr komisch –
dyni Gschichte mit de Frau Diriwächter …

Er   Hungerbüehler!

Sie   … und de Frau Hungerbüehler!

Bargespräch

Er sitzt, sachte schwankend und in entsprechend melancholischer Stimmung, auf dem Barhocker, und öffnet ihr, der emsigen Barmaid, sein Herz.

Sie So, Herr Fygewinter, nämed mer no ein, oder isch es Zyt für is Bettli?
Er   Wott nonig ins Bettli –
Sie Ihri Frau warted doch sicher dihei?
Er   My Frau verstoht mi nit – Sonja – Proscht!
Sie Zum Wöhleli, Herr Fygewinter!
Er   Sonja, my Frau verstoht mi nit –
Sie Wie bitte?
Er   Sonja, my Frau verstoht mi nit –
Sie Ja ja, Herr Fygewinter – no en letschte?
Er   My Frau verstoht mi nit –
Sie Söll ich Ihne en Taxi bstelle, Herr Fygewinter?
Er   Sonja, my Frau – hick – verstoht mi nit –
Sie Wie bitte? Taxi oder Drink?
Er   My Frau verstoht mi nit –
Sie Es tuet mer leid, Herr Fygewinter – ich verstah Si nöd …

Er   Fraue verstöhn Männer eifach nit …

1978 | **Opus 9**

Erziehung

Die junge Mutter mit ihrem kleinen Buben an der Hand kommt ins Café und sieht sich nach einem freien Tisch um.

Wo wämmer sitze? – lueg deet häts Platz –
Pass uf mit dym Balloon! –
Isch da frei?
Chumm Roger, mer ziehnd s Mänteli us – grüezi Fröllein, en Kafi mit heisser Milch, was möchtisch du, Roger, möchtsch e Schoggi, bringed S'em e heissi Schoggi, Fröllein – Pass doch uf mit dym Balloon, häsch en am Fröllein grad is Gsicht gschlänkeret – was seisch, hettisch lieber es Fanta, dasch doch nüt Guets, jetzt hämmer scho e Schoggi bschtellt –
Fröllein – hallo Fröllein, ich nime doch lieber en Kafi mit chalter Milch – was wettsch?
Lieber es Fanta? Fröllein! Ja jetzt isch-si scho furt – nimmsch e Schoggi, dasch vill gsünder –
Blyb jetzt da sitze mit dym Balloon – wo gahsch jetzt ane? – Chumm dahere!
Muesch de Balloon nöd umegingge Roger! Chumm, sitz ab – Roger!!
Jetzt chunnsch sofort dahere – nöd umegingge, han i gseit – pass uf s Fröllein chunnt –
ojeh, gsehsch jetzt ... – jetzt isch de Balloon i de Schoggi glandet. Putz en ab, bevor d'en wyter umegingggsch –
Fröllein, jetzt händ S'mer aber heissi Milch bracht, ich han doch chalti bstellt – wie?
Nei, zerscht han ich heissi bstellt, und dänn han i gseit, ich hett lieber chalti –
jänu, isch ja glych, s nächstmal müend Si halt besser lose –
Roger! Roger, wo bisch? Was machsch? Lueg, es hät öppis z trinke! Was wettsch?
Lieber es Fanta? Jetzt syg emal zfride mit dem, was d überchunnsch –
Pass uf, s isch heiss. Was isch es? Chalt? Jetzt hät die e chalti Schoggi bracht statt e heissi – trink langsam, susch vercheltsch-di!
Die chönd au nöd lose, die Serviertöchter ...
Nöd eso gytig! Blyb jetzt da sitze! Hör uf mit dem Balloon, mei, i verchlöpf-der-en susch!
Du Roger, lueg da, lueg das herzig Meiteli! Das wett de Balloon au gern emal –
Roger!! – hörsch jetzt uf z tschuutte! – lueg da s Meiteli!
Tuen-en em Meiteli überetschuutte!
Wie? Ja herzig, die Chinde!
Roger! Chumm trink dyni Schoggi us, mer müend wyter –
Hoppla ... Roger!! Also jetzt gits dänn e paari – jetzt lyt de Balloon i de Chüeche ine – gsehsch jetzt, ich han dir immer gseit, du söllsch nöd ...
was? s Meiteli hät-en ... i d Chüeche?

lacht
Du bisch dänn aber es luschtigs – wie gheissisch? Meieli? Wem ghörsch dänn du?
– Ah – Grüezi! Was meined Si? Wägem Balloon? Nei, das macht doch nüt! Echly Zwätschge am Balloon macht doch nüt!
Roger!! Nöd abschläcke! Sofort chunnsch dahere und trinksch dyni Schoggi us, susch gib ich si em Meiteli, meimei. Gäll du!!
Was seisch? Schoggi chasch nöd verbutze? Wie de Roger – genau wie de Roger! Häsch vill lieber Fanta? Isch au vill besser, gäll!
Fröllein, zahle! Bring s Mänteli, Roger, mer göhnd – Roger, wo bisch? Pass uf!! Pass uf, s Fröllein mit em Tablett...
Päng...! Was isch jetzt – Roger, was häsch jetzt – Was sind Si? Druftrampet?
Ja, händ S'en dänn nöd gseh?
Muesch nöd brüele, Roger –
Händ S'en dänn nöd gseh?
Gsehsch Roger, ha-der die ganz Zyt gseit, söllsch-en nöd umegingge, lueg jetzt die Söierei, wo s Fröllein gmacht hät –
Ja, muesch jetzt nöd brüele, säg em Meiteli tschau – und tramp nöd im Kafi ume, machsch die ganze Schueh voll –
s Gäld lyt ufem Tisch Fröllein! Ei Söierei am Bode...
Muesch jetzt nöd brüele, Roger – ich chauf-der en neue – aber dänn sitzisch-mer ruehig neumed here und hebsch-en i d Luft, verstande!

1978 | Opus 9

Weekend-Jodel

Gahsch s Dörfli duruf und d Matte dury
und bim Tobel verby Richtig Alp
Dänn gsehsch du deet gly bi de Ställ visavis
nöd nu Muneli, Chuehli und Chalb,
Dänn gsehsch du sofort mit allem Komfort
und mit Blick ufs Tal vo Zerneus
2 Hüsli, 4 Hüsli, 8 Hüsli, 12 Hüsli
und s dryzähnte Hüsli ghört eus!

Aber d Läde sind zue, i de Hüsli ei Rueh
Und nu s Unchrut das wachst Blatt um Blatt
Dänn am Mäntig und Zyschtig und Mittwuch und Dunnschtig
und Frytig sind all i de Stadt,
Aber dänn holdrioh fahred mir holdrieh
Mit Chind und Chegel und Gschmeus
für ganzi 2 Tag i d Rueh und is Nüttue
i euses neu Huus nach Zerneus!

Und jetzt chunnt de Jodel:

> Dulieh holdrioh
> isch das schön
> e käs Gjufel, käs Gstöhn
> nüt als Rueh
> oder Chuehgloggetön
> Holdrioh dulieh
> isch das schön
> nu de Schnee und de Föhn
> dulieh
> das isch schön...!

Jetzt d Rolläde uf! – d Nachbere in Shorts
winked vergnüegt mit de Hand
Si wandered umenand und mäihed miteme Mords-
chrach ihri paar Hektar Land
Es knatteret und stinkt. Au d Frau Bäuerlein winkt
und chräht useme Huuffe Komposcht:
«Jetzt los in die Beete! Arbeite und jäte!»
Si schwitzt wie nes ganzes Fass Moscht.

Juhuu – im Nu göhndsi umme, die zwei
freie Täg – Ich haus abe ins Kaff –
Bim Jätte trifft de Fritzli statt em Unchrut sys Bei
Während ich keuchend s Äsée aschaff –
Dänn staubsuug ich d Stube. D Frau Bäuerlein winkt:
De Bueb syg im Stall, öbs eus gruus?
Dänn rüef ich am Fritzli. Dänn chunnt er und hinkt
wienen wandelnde Chuehdräck durchs Huus.

Und jetzt chunnt de Jodel:

    Dulieh holdrioh
    isch das schön
    e käs Gjufel, käs Gstöhn
    nüt als Rueh
    oder Chuehgloggetön
    Holdrioh dulieh
    isch das schön
    nu de Schnee und de Föhn
    dulieh
    das isch schön …!

Am Sunntig, dä Gnuss, pfuust me n us ungeniert
s macht alles weh vo Kopf bis Fuess
Im Cheminée han-ich gescht e Gigot grilliert
s ganz Schlafzimmer isch no voll Ruess –
Doch jetzt nix wie los – Wär macht was? s isch mer glych –
s git en Uhuerehuffe no z'tue:
Ych putze de Yschaschte – s Cheminée putz ych
Und de Fritz putzt im Swimmingpool d Schueh –

Isch äntli alles fertig, und troche de Fratz
du d Frau Bäuerlein winkt scho, die göhn! –
treisch du d Äsche vom Cheminée zum Gartesitzplatz
aber leider bloost dusse der Föhn –
Gopframmpfätzäpumtek – aber dänn, d Läde zue!
fahred mir – das heisst ych, s isch nüt neus!
dänn ich schlaf – Huerelöli! – Fritz jetzt lahmi in Rueh!
Frisch erholt wider hei vo Zerneus!

Und jetzt chunnt de Jodel:

Dulieh holdrioh
isch das schön
uf de Strass all Kantön
ei Kolonne
voll Uspuffgedröhn –

Holdrioh dulieh
isch das schön
s gaffed vo de Balkön
Vättre, Müettre
und Töchtere und Söhn –

Dulieh holdrioh
isch das schön
wännmer chöme und göhn
s ganze Autobahnnetz
voller Clöön

Holdrioh dulieh
isch das schön
nu de Schnee und de Föhn
dulieh
das isch schön!

1978 | **Opus 9**

Schöne neue Stadt

1. Heute heilt man nun die alten
Wunden, glättet die Asfalten
fängt an, Plätze zu gestalten
den Verkehr dort fernzuhalten –
   Kein Motorenlärm, kein Rasen
   Stille Fussgänger-Oasen,
   Nur das melodiöse Kreischen
   eines Trams in nassen Weichen –
Aus dem Mosaikfeld wachsen
Tramstopstahlrohrparallaxen
Wo Verkehrssalat wir hatten
rutscht man nun auf glatten Platten
Sommers sitzt man froh im Schatten
unterm Ticketautomat –
Schöne neue Stadt!

2. Stadtpoeten, sie versüssten
die urbanen Betonwüsten:
Klebten hinten, oben, unten
Kopfsteinpflaster auf die Wunden –
   Bankfassaden, die dich grauten
   gleichen plötzlich Riegelbauten,
   Stoplicht kriegt den trauten Schein
   mit dem Gaslatern-Design –
Und ein Flohmarkt beispielsweise
Lohnt schon eine kleine Reise
aus den Agglomerationen
wo die Leute heute wohnen
die von hier man massenweise
seinerzeit vertrieben hat –
Schöne neue Stadt!

3 Fröhlich gehn wir durchs Gewühle
Stolpern über Café-Stühle
blicken freudig auf verträumte
Altstadthäuser, ausgeräumte –
    Innen Sex-Shop-Bums-Erotik
    Aussen Sandsteinsims mit Gotik
    Unten Hi-Fi-Mode-Shop
    and a penthouse on the top –
Hinterhöfe, sonst verkackte
Werden Stätten der Kontakte
Leben läuft auf vollen Touren
Bürger setzen statt mit Huren
sich mit Sandsteinschachfiguren
auf dem Doppelbrett schachmatt –
Schöne neue Stadt!

4 In den schönen neuen Städten
voll von Lebensqualitäten
fehlt nichts ausser vielleicht eben
ein paar Menschen, die da leben
    die mit alten weisen Blicken
    aus den Altstadtfenstern nicken –
Schöne neue Pärchen hinter
Altstadt-Erkern; neue Kinder
die auf schönen neuen Plätzen
zu der Polizei Entsetzen
und der Trambenützer Schrecken
Fangen spielen und Verstecken –
die auch dort, wo Mammon baute
und wo Merkur Stadt versaute
die auch zwischen Business-Zeilen
wohnen, leben, lieben, weilen
in der stadtkosmetisch heilen
Welt, die soviel gekostet hat —
Schöne neue Stadt!

Song vom schönere Läbe

Zerscht rüehrsch de Teig no vo Hand wie im Chloschter
Vo Hand wäschisch s Gschirr, und d Wösch hänksch is Frei,
Doch dänn bruuchsch en Mixer und en Grill und en Toaster
Und e Gschirrwöscherei und e Wöschtröchnerei –

Zerscht häsch es Velo, das macht no kän Gstank
Dänn gits en Töff, dänn vier Reder mit Dach –
Zerscht bruuchsch no Chohle, dänn bruuchsch en Tank
Und dänn es Atomwerk – s isch e zwingendi Sach!

    Das isch halt de Prys
    Es isch nüt vergäbe
    Das isch halt de Prys
    Vom schönere Läbe!

Zerscht bruuchsch nur ein, dänn en zweite Telewischen
Zerscht häsch ein Wage, dänn häsch halt zwei –
Wils lärmt und wils stinkt gits im Gschäft Aircondischen
Dasch fantastisch bequäm – und scho häsch's au dihei!

Zerscht flüügsch Propäller, dänn Überschallchraft
Edewäg bisch gschwinder, das lupft de Profit –
Zerscht schiffsch mit Dampf, dänn mitem Ölscheich sym Saft
Und dänn mit Uran, bis's au das nümme git –

Zerscht häts en Wald und en Bach mit Forälle
Dänn wird e Straass bout, de Wald holzt me ab
De Abfall vom Fortschritt gaht i Wulche und Wälle
Und de Fisch isch vergiftet und de Suurstoff wird knapp –

    Das isch halt de Prys
    Es isch nüt vergäbe
    Das isch halt de Prys
    Vom schönere Läbe!

Vor Jahrtuusige Küüle und Schlüüdere und Pfylspitz
Vor Jahrhunderte Pulver und Kimme und Korn
Dänn e Bombenentwicklig mit ferngstüürte Zylblitz
Und hütt d Neutronebombe – – und morn?

Was heisst «Stop der Rüschtig»! Was heisst «stelled d Weiche»!
De Geischt isch nüd z'stoppe und nöd d Fantasie –
Oder erscht wänn de Fortschritt i Afüehrigszeiche
Wänn de Fortschritt – und das gits nit – käs Gschäft meh würd sy –

    Das isch halt de Prys
    Es isch nüt vergäbe
    Das isch halt de Prys
    Fürs schöneri Läbe –

    D Macht vo de Vernunft
    wird übertrumpft
    vom Gäld –

    Das isch halt de Prys
    Für die schöni neui Wält!

1978 | **Opus 9**

Dialektik

S Roothuus am Märtplatz isch s Rathuus a de Limmet
e Bratwurscht am Chnaabeschüüsse isch e Brootwurscht uf der Mäss

also Brot isch Brat
und Rot isch Rat
öbs feufi schlaht
oder fimfi schloht
e Naht isch e Noht
Salat isch Solot
e Soldat e Saldot
und d Tat isch tot –

E Gugge in Basel isch in Züri en Papirsack
es Weggli am Üetli isch e Schweebli am Rhy,
in der Gugge hets Zibele, im Papiersack häts Böle
u beides chönnt eister vom Zibelimärit sy

gosch do zoben-uss
gahsch da zabig us
Guetenobe! Guetenabig!
also Schwoobe sinn Schwabig
Halts Muul heisst halts Maul
und fuul kunnt vo faul
Swimmingpool isch in däm Fall
der schwimmendi Paul

En Schryner tuet sage, bi mir tuet er sääge
wenn ych eppis sääg, hani nyt gsait, nur gsägt,
wenns Läubli sait: säg emal – und ych versäg d Stääge
anstatt eppis z'saage, zaigt sich d Macht vom Dialäggt –

also a isch ä
und Brot isch Brat
und Obe isch Abig
und unde isch obe
und hinde isch vorne
und linggs isch au rächt
und trotzdäm verstöhn mer is
gar nit so schlächt!

Zum no besser verstoh, verstah, hejo, heja –
Weimer das Chrüsimüsi namau düregah:

Brot isch Brat
Rot isch Rat
spat isch spoot
Tat isch tot –
Muul – Maul
fuul – faul
Swimmingpool:
der schwimmend Paul –
a isch ä
o isch a
u isch au
du mir au
Chriesi – Kirsi
Epfel – Öpfu
Bire, Nuss
und du bisch duss.

Liebi Fründ
liebe Freunde
aus den hauchdeutsch sprechenden
Ländern
die sie vielleicht
unser Idiom
nit verstünd
nicht versteunde
nicht verständern
wie das Ausländern
so geut –

wenn es Sie freut
will ich mich heut
auf Sie einpegeln
und zur gegenseitigen
bessern Verständigung
ein paar Regeln
unter die Leut
kegeln –

Also
die Endigung
-aus
wär bi üüs
-uus
hingegen -äuse
wär -üüs

also Mäuse sind Müüs
so wie Muus Maus isch
es Huus ein Haus isch
tuusig tausend
Muusig Mausend –
nicht ganz
nur in etwa –

au ist meistens
u –
nur bei blau nicht
bei grau nicht
bei Blaulicht
auch nicht
bei Kakau Crème nicht
und bei trau, schau, wem nicht –

hingegen wird
der Bauch zum Buuch
der Rauch zum Ruuch
der Stausee zum Stuusee …

und jetzt machen wir
eine kleine Puuse.

Apropos «klein»:

Klein heisst chly
mein heisst my
Wein heisst Wy
also merke:
-ein gleich -y

Aber sagen Sie jetzt nie
wenn Sie meinen
«Mein Bein ist so allein wie ein Stein»
«My By isch so elly wie y Sty» –
weil das versteht ky Schwy…

Das ist halt
es tut mir leids
so kompliziert
in der Schweiz –

Wenn Sie also bereits
ein Ferienhaus gleich -huus
in der Schwyz gleich Schweiz
in Ihrem Beseitz
hänn –
oder sowieso mit Ihrem Wohnseitz
gleich -sitz
wegen steuerlichem Reiz
gleich Ritz
in die Schweiz
wänn
dann üben Sie ein bitz
denn nüt gits
was der Schweizer mehr schätzt
als wenn man mit ihm
schwyzerdütsch schwätzt –

«Gutenabig Fräulein – ich hetti gern – eh – Graubrot – Gruubrat –
und es Pfaund Tomatte, aber nicht eso rati, i bruuchesi für Solot –
und wo henzi d Ruuchware? Ah dort drübe, dört eene, äne, hine, unte –
Ich sege Ihne, disi Alemannespraach ist yfach öppis ymooliges –
mir hend jetzt es Huus in Grubünde, und die Ygeborene redet mit üüs wie
mit ihresglyche – Mutzi wo bisch? Mir müend noch zum Ragettli – ykuufe!»

Ykuufe – auch mit falscher Endigung
ist die beste Verständigung!
Also üben Sie
Chuchichäschtli
Schyterbygi
Schoggi
Ührli
Ciba-Gygi
Bally – Bankverein
Örlikon Bührli
und weitere
lukrative
Substantive
dann wird man Sie
Sie werden sehn
bi üüs – bei eus
wo luter – lauter
netti Lütt sy
überall verstehn –

Grüzzi!

1978 | Opus 9

Vielleicht hilft uns der Liebe Gott ...

Ich wünsche Dir und mir, mein Kind
dass auch in 20 Lenzen
die Frühlingslüfte, mild und lind
dir deine Stirn bekränzen –
    Spürst du den zärtlich weichen Hauch
    der deine Wange kühlt –
    Hast Regen du und Flocken auch
    auf durstiger Haut gefühlt?
Ich hoff, dass diese Luft dereinst
voll Ginsterduft erblüht,
Nicht nur voll Ammoniak und Russ
und Schwefeldioxyd –

Ich hoff, dass Regen, Schnee und Wind
noch glitzerklare Wunder sind –
Vielleicht ist zwar, statt glitzerklar
der Wind dann atomar, der weht
und du steckst deine Nase in
ein Sauerstoffgerät – –

Vielleicht ist alles gar nicht wahr
was man sinniert und spinnt
Vielleicht hilft uns der Liebe Gott –
Ich wünsch es dir, mein Kind ...

Ich wünsche Dir und mir so sehr
dass auch in spätern Zeiten
die Badeferien am Meer
uns noch Genuss bereiten –
　Spürst du das Prickeln. Heiss durchsonnt
　und salzig ist die Haut,
　Siehst du, wie fern am Horizont
　ein Silberstreifen blaut?
Ich hoff, dass dieser Silberstreif
nicht von Quecksilber sei
und das, was prickelt auf der Haut,
nicht Kobalt nur und Blei –

Ich hoff, dass du, wie wir, am Strand
noch Oel brauchst gegen Sonnenbrand –
Vielleicht sind zwar, statt sonnenklar
die Ozeane emulgiert:
Du tauchst ins Wasser, steigst an Land
geölt, gesalbt, geschmiert ---

Vielleicht ist alles gar nicht wahr
was man sinniert und spinnt
Vielleicht hilft uns der liebe Gott –
Ich wünsch es dir, mein Kind ...

Ich wünsche uns, es gäbe dann
auf diesem wunderbaren
Planeten Platz für jedermann
auch noch in 20 Jahren –

   Wie weich dein Schritt im Tannengrün!
   Voll Sonnenglühn das Herz.
   Die Pilze duften, Blumen blühn,
   es zwitschert wipfelwärts –

Ich hoff, der Wald zeig dannzumal
sein Waldgewand, und nicht
ein für die Strassenlobby kahl=
geschlagenes Gesicht –

Ich hoff, du streckst im Frein, zu Haus
noch ohne Not die Arme aus –
Vielleicht hat sich die Menschheit zwar
verdoppelt bis in 20 Jahr
und jeder schlägt für ein Stück Brot
den Nebenmenschen tot –

Vielleicht ist alles gar nicht wahr
was man sinniert und spinnt
Vielleicht hilft uns der Liebe Gott –
Ich glaub es nicht, mein Kind ...

1978 | Opus 9

Plakat   Michael Wolgensinger

Shoppyland

Vater und Mutter singen das schöne neue Sonntagslied:

Und wämmer am Sunntig nöd wüssed, was mache
dänn mached mer is alli schön
Und d Chinde ghörsch juble und s Omi ghörsch lache
und de Bello, dee bällt i de hööchste Töön –
Was jetzt chunnt, isch bekannt: Nimm de Hund, Ferdinand!
Und de Bruno isch wo? Immer no uf em Klo?
Häsch d Brülle – häsch d Täsche – und du, häsch d Händ gwäsche?
Gimmer d Hand, Susi, jetzt gahts ufs Land!
Soo
Ystyge, Chinde – hilf em Omi in Gurt
dänn jetzt –

    Jetzt fahred mer furt
    ewägg
    nöd wyt und nöd lang
    s isch nu Mittel zum Zwäck –
    Scho schalt ych de Gang
    wider zrugg, scho stopp y im Gländ –
    Alles rüeft Oh! und Ah!
    Mir sind da, mir sind da
    im Autobahn-
    Shoppyland!

s hät Lüüt und s hät Chind und s hät Läde i Masse
so Shopping isch Doping für eus!
Suechsch s Omi, dänn findsch es bi ix-ere Kasse
und au s Mami das findet allpott öppis Neus –
Was ych spöter no finde, sind tropfnassi Chinde
wo im Sprützbrunnesee (1. Stock, Stäge C)
d Füess ynehänked und Pommes frites versänked –
Ych schluck s erschte Vitamin B –

Dänn sueched mer s Omi, das sitzt ufeme Velo –
Deet gits drüü Pfund Anke für zwo! –
und tested de Bluetdruck … Wo isch dänn de Bello?
Dee bebrünzlet die künstliche Bäum. Aber wo
isch de Bruno … Stopp, Susi, mit Sälberbediene!
De Bruno isch wo? Du de Bruno isch niene!
Aber deet isch en Uflauf – isch öppis passiert?
Du de Bruno isch da!! Alles reklamiert –
Er hät nu mit Chöitschgi, speziell präpariert
die zentrali Rollträppe blockiert –

Das isch ebe s Schöne: Sind d Läde au zue
dänn gits da –

> Da gits öppis z tue
> für d Chind
> Mir händ eusi Rueh
> da chasch chaufe bis gnue –
> Wie happy mir sind
> dass mir das Konsum-Hobby händ –
> d Sünntig sind trist und grau
> ohni Au-, ohni Au-
> ohni Autobahn-
> Shoppyland!

I de Beiz ufem Märtplatz, uf Chatzechopf-Plastigg
voll klimatisiert und verglast
gits es Jumbo-Beefy – Obacht s tropft! Nöd so hastig!
He Omi singsch du? Nei, das isch de James Last.
Aber dänn möchti s Clärli no s Dessert vom Märli
und s Mami es Schnäpsli und s Omi grad zwee –
De Hund isch verschwunde! Vier Stöck tüüfer unde
bruuch ych wider es Vitamin B –

Dänn fisched mer d Chind usem künschtliche Brunne
dänn schlepped mer alles is Frei
De Caravan staht sit feuf Stund a de Sunne –
Wie schön isch d Natur! Jetzt fahred mer hei!
Aber zerscht müemer pumpe, dänn müemer no tanke
dänn lauft euse Wage, und dänn lauft de Anke
us alle Papierseck, statt zwei Pfund sinds drei –
und au s Bier explodiert, es git ei Saurerei …
Ou – mir isch es schlächt! Aber d Chind und de Hund
und au s Omi sind fröhlich und gsund
und

freued sich scho uf de nächst Sunntigs-Spurt
will dänn –

> dänn fahred mer furt
> ewägg
> nöd wyt und nöd lang
> s isch nu Mittel zum Zwäck –
> Scho schalt ych de Gang
> wider zrugg, scho stopp y im Gländ –
> Alles rüeft Oh! und Ah!
> Mir sind da, wider da
> im Autobahn-
> Shoppyland!

1981 | **Opus 10**

Sitzornig

Sie und Er im Wohnzimmer. Sie arrangiert geschäftig Tisch und Stühle, Gedecke und Geschirr, alles pantomimisch. Er sitzt, im Hausdress, zeitungslesend dabei.

Sie   Mer sötted eifach emal en grössere Tisch ha –
        Säg emal, wettsch dich nöd umzieh – eusi Gescht chömed bald …
Er   s isch erscht halber, nu no dee Artikel –
        en fertige Witz, die Abrüschtigskonferänz …
Sie   Rüschted's äntli ab?
Er   Si strytted sich wär wo sitzt!
Sie   Da de Christian – da d Lilo –
Er   Stell der das vor: erwachseni Mäntsche strytted sich wie chlyni Chind,
        wär wo sitzt …!
Sie   Ja und d Abrüschtigsgsprööch?
Er   s einzig Gsprööchsthema isch d Sitzornig!
Sie   d Lilo chönt natürli au …
Er   d Südamerikaner drohed mit Abbruch!
Sie   Vo was?
Er   Vo de Konferänz! Wil si nöd wänd näbed de Nordamerikaner sitze!
Sie   Chindisch, würkli –
        du sitzisch übrigens deet –
Er   chönntsch dich schieflache, wänn's nöd eso pynlich wär –
        Wo sitz ich?
Sie   Deet, näbed de Lilo –
Er   Wieso, ich sitz doch immer da.
        Das isch doch myn Platz!
Sie   Da sitzt hütt de Profässer Wild –
Er   A mym Platz??
Sie   als Ehregascht muess er doch am Chopf sitze,
        näbed der Dame des Hauses
Er   Deet häts doch no en zweite Chopf –
Sie   das isch de Platz für sini Frau.
Er   Plazier ihn deet und sini Frau dernäbed!
Sie   Nei das gaht nöd – si sind doch in Scheidig.
        Er sitzt deet und du näbed ihre –
Er   Warum, sött ich si jetzt hüraate?
Sie   Ich chan au de Christian näbed si setze, und dich da derzwüsche –
Er   Zwüsche was?
Sie   de Christian – d Lilo – dänn du statt dem Dings da, dem Assistänt –
        de tüemer da übere –
Er   Ich statt däm Dings da?? Das find ich au no guet!
Sie   Isch sogar no besser, wägem Tischbei – das chamer de Gescht
        eigetli nöd zuemuete –

Er	s Tischbei? De Gescht? Aber mir? Mir chames zuemuete?
Sie	Du sitzisch all Tag a dym Vorzugsplatz!
Er	Offebar nöd! Offebar wird ich langsam vo mym Vorzugsplatz ewäggmanipuliert. Ich gang glaub lieber in «Sterne», deet gits ekei Diskussion über myn Stammplatz –
Sie	Schmeiss mer jetzt dee Abig nöd!
Er	Wer schmeisst? Ich schmeiss? Du schmeissisch – mit de Tischchärtli umenand! Sone Tischornig sött me zerscht diskutiere, nöd eifach ohni z frööge ... *Es läutet*
Sie	Jetzt chömed's scho, und du bisch nonig umzoge –
Er	Für was au – mich gseht mer doch gar nöd, wänn ich deet zwüschedinne sitze – am Tischbei –
Sie	Gang leg dich jetzt a – und nimm die Zytig mit – *Sie geht ab*
Er	Was für e Zytig?
Sie	*Ruft von draussen* die da – die mit de Fridenskonferänz!
Er	*Nimmt Zeitung, im Abgehen:* Diskutiere sött mer sone Tischornig zerscht, professionell, wie die das mached, oder –

1981 | **Opus 10**

s Schlägerli

Liebeslied

Du my Zmorgegipfeli
du my Znüünigömfeli
du my Zvieriläggerli
du my Bettmümpfeli
du my Schlagrahmrölleli
Wiehnachts-Schänggeli
Chocolat au mousse –
Wenn y öppis bruuch zum äsle
denn bisch du's –

Du my Kätzli us Ragaz
du my Gänsli us Sargans
my Ragäzli, my Sargänsli
du my Tänzli, du my Tanz
du my Rock-and-Rölleli
Huudigääggeli
Boogie-Woogie-Blues –
Wenn y öppis bruuch zum singe
denn bisch du's –

Du bisch Muusig
du bisch Rueh
du weisch Bscheid
aber loosisch au zue
Und wimmlets rundumme
vo Schlufi und Löli
wo jede fuul sprützt –
Bi dir biny gschützt
bi dir isch ei Wöhli …!

Du my Fingerhüetli
du my Blüetestäubli
du my Lindeblüetli
du my Espeläubli
du my Pfäffer-Melisse-
Salbei-Thymian-
Rosmarin-Lavändelstruuss –
Wenn y öppis bruuch zum würze
denn bisch du's!

Du bisch Sunne
du bisch Wind
du kasch stuune
wiene glai Kind –
Und bisch doch my Felse
my Schärme, my Höhli –
Wenns donneret und blitzt
Bi dir biny gschützt
bi dir isch ei Wöhli …!

Du my Abwäscherli
du my Ufruumerli
du my Mitmacher, my Schrittmacher
my Parkettfluumerli –
du my Better-Bettere
Wäschere, Glettere
Spettere rund ums Huus –
Wenn y öpperem doderby hilf
denn bisch du's!

Du my Muuseflügeli
du my Wunderprächtli
du my Venushügeli
du my Tag-und-Nächtli
Du my Covergirl
Lovergirl-Playmate-
Spilmaitli-Luusmaitli-
Pfuusmaitli-Schmuus …
Wenn y öppis bruuch zum *(pfeift)*
Denn bisch du's!

Du my Abschlafferli-Ufstellerli-
Anggebälleli-Aktmodälleli-
Bohnestäggli-Kronezäggli-
Märzefläggli-Sammetbäggli-
Wybärgschnägglihuus …
gsehsch am Morge so hilflos
zmidag seriös
und Znacht
wiene Sündefall us –

Wenn y öppis bruuch zum ässe –
Wenn y öppis bruuch zum singe –
Wenn y öppis bruuch zum läbe
denn bisch du's …!

1981 | **Opus 10**

Hallo Mister Orwell!

*Man ist nirgends allein. Es gibt Mikrophone in Kugelschreibern,
in WC-Spülungen, in Nasen-Piercings – also achten Sie auf Ihre Reaktionen,
wenn Sie weiterlesen,*

… denn Er
ist überall dabei
    der Grosse Bruder
Nicht nur wir
auch Sie
werden nicht nur hier
    aber hier natürlich auch
überwacht, überwacht
Tag und Nacht
überwacht –

Ob du Exhibitionist
oder Nacktbader bist
homosex
oder Big Mac
einerlei
zäck-zäck
schon ist dein Konterfei
in der Kartei –

Ob politisch profiliert
ob grüne Pomeranze
militante Emanze
naiv
oder sex-maniac
schon bist du
zäck-zäck
im Archiv –

Friedensmarschierer
Anti-Raketen-Stationierer
Aufwiegler
Aufweicher
alles
das gleiche Pack
so oder so
zack-zack

bist du im Speicher
hast einen Voyeur
der alles registriert
Geheimcodiert
gehörst du dazu –

Big Brother
ist watching you!

Oh well
Bruder Orwell
du hast uns durchschaut
Nineteeneightyfour
war deine Prophetie
dass man die
uns heute um die Ohren haut
das erfährst du
zum Glück
nie!

Oh well
Mr. Orwell
lese ich dich laut
dann kriegt mein Lachen
Gänsehaut…

Wussten Sie
dass Sie nicht nur Frau Wahl
oder Herr Stahl sind?
Dass Sie vielmehr vor allem
Datenmaterial sind?
Sie sind nicht einfach nur
Familie Scholz,
Sie sind Arbeitsplatzbeschaffer
für die Datenverarbeitungsindustrie!

Macht Sie das nicht stolz?!

Sie sind computererfasst als
Verkehrssünder
    Schadenersatzpflichtiger
Zulagenempfänger
    Formularunterzeichner
als Konzessionär
    Klientin
Kontrahent
    Abonnentin
    von Spiegel und Blick
Erfahrungsgruppenleiter
    Was für ein Glück!
undsoweiter
    Stück um Stück
    integriert
    in immer neuer
Wie?
    Akribie!
Was?
    Manipuliert!
Wer?
    Sie!
Ich?
    Du!
Wir...?

Wir sind
bei der internen
Steuer registriert
Im Militärkasernen-
gemäuer registriert
Bricht in der Scheuer Feuer aus
steht der Versicherungsmann im Haus
und wieder sind wir auch dabei
in der Versicherungskartei –

Die Kripo hat uns registriert,
der Polizist Fritz Meier
die Krankenkasse, AHV
und Warenumsatzsteuer
Bei jeglicher Gelegenheit sind wir
willkommnes Futter
für Hunderte Computer
im Dienst vom Grossen Bruder –

So hat der Staat ein rundes Bild
des Bürgers, dieses Wichts
vom Inhalt des Gehirns
bis zum Ausdruck des Gesichts

registriert von rechts bis links
sind wir ein kontrollierbar Dings
sein wir froh
ist das so
sonst wärn wir ja ein Nichts!

Oh well
Bruder Orwell
du warst ein Literat
Nineteeneightyfour
war deine Parodie
dass man die
sa-tierisch ernst genommen hat
nennt man
Schicksals-
Ironie!

Oh well
Mr. Orwell
ob's uns auch missfällt:
Satire ändert
keine Welt!

1983 | **Opus 10**

Da spielt eine Dame aus Kreta
Im Freilichttheater die Leda
Der Schwan, der sie sieht
Singt ein Lied und entflieht –
Da steht ja die Leda nun bleed da

Da wurde ein alter Elsässer
Olympiameister der Esser
Sein Rekord lag bei 4
Minuten pro Tier
Und bei 2 ohne Gabel und Messer

Da gründet Herr Walter aus Haltern
Den Verein zur Erhaltung von Faltern
Mit Vorstandsmitgliedern
Und Fahnen und Liedern –
Nur an Faltern fehlt's leider in Haltern

Da gab's einen Jäger aus Kandersteg
Der pirscht über Stock, Stein und Wanderweg
Gefragt, was er jagt
Meint er: Gott sei's geklagt –
Seit Jahren dieses ewige Panther-Steak…!

Da gab's einen Herrn aus Ascona
Der träumt von der Lisa, der Mona –
Er fuhr via Pisa
Nach Paris – ah! – noch nie sah
Die Lisa er vis-à-vis so nah

Da kam eine Lady aus Pforzheim
In Begleitung eines uralten Lords heim
Der Lord – so ein Schlimmer! –
Kräht witzig wie immer:
Auf Pforzheim kenn ich einen Mordsreim!

Da meint eine Dame am Rotsee:
Wenn ich auf dem Rotsee ein Boot seh
Interessiert mich kein Riff
und kein Pfiff und kein Skiff –
Mich interessiert nur der Lotse

Da gab es in Schilda die Irmhild
Die will da vom Doktor ein Schirmbild
Der Arzt und fünf Schwestern
Die schafften bis gestern
Weil die Irmhild doch stets aus dem Schirm quillt

Ein Marketing-man aus dem Westen
Vergriff sich bei Festen an Gästen
Bei seltenen Protesten
Meint er: Meine Besten –
Ich wollte Madame doch nur testen!

Da gab's ein paar Tanten in Schwetzingen
Die machten frühmorgens ein Wettsingen
Um 17 Uhr knapp
Macht die zweitletzte schlapp
Doch die letzte hört man noch im Bett singen

Limericks
zum Sechsten

Frau Fromm klagt, sie komme in Mannheim
Nicht nur dann und wann, nein, wann sie kann, heim
Doch wann, meint Frau Fromm
Ich auch heimkomm, ich komm
– Nomen non omen est! – ohne Mann heim

Da gab's einen Säugling in Hindelbank
Der täglich nur ein Quartel bis Quintel trank
Doch gestern trank er
Seine Mama fast leer
Worauf er erschöpft in die Windel sank

Da gab's einen Alten aus Lechenich
Der war Franke nich, Balte nich, Tscheche nich
Der kam nich von Lövenich
War kein Ganöve nich
War nur aus, lache nich, Lechenich

Da meint ein Poet aus Lugnez
Was ich an den Limericks so schätz:
In fünf Zeilen
fünf schlichten
kann ich alles bedichten
Vorausgesetzt
  dass ich das
    eherne Gesetz
      des rhythmischen Korsetts
        nicht verletz…

Plakat   SCAPA

Die Gross Chrüü

Zwei Durchschnitts-Schweizer vermitteln ihr Wissen.

Er Also mir händ für de nächst Urlaub die Gross Chrüüz- und Quer-Wältreis buechet. Nödwahr die gaht also vo ...

Sie Si wüssed ja, s git die Chly, die Mittler und die Gross Chrüüz- und Quer oder. Die chly hämmer vor drüü Jahre gmacht, ganz interessant gsi, gäll Oskar –

Er Sehr, jawoll, sehr intressant – heiss vor allem, aber würkli sehr ...

Sie Ydrücklich oder

Er Ydrücklich, jawoll, sehr – Si känned die chly? Die gross isch natürli scho – eh – umfassender, da sind au alli die Inselgruppe drin, mit de Ygeborene inbegriffe – also die gaht wie gseit vo ...

Sie Vo de mittlere händ eus s Mattmüllers schwer abgrate – die händsi ja gmacht, s letscht Jahr oder – aber da händs doch die Disentis-Ruhr überchoh, und seelisch sinds au ganz fertig gsi, die händ die doch dur die Slums z Brasilie gschleppt, ich meine das isch scho rächt für die vo deet umenand, wo das gwöhnt sind, aber eusereis wott ja schliesslich Ferie mache oder, gäll Oskar –

Er Ganz richtig, jawoll – die dritt Wält isch schones Problem, aber doch nöd für d Ferie, das sött ja öppis Erholsams sy, für Körper und Geischt –
Ja was i no ha welle erchläre ...

Sie Jetzt mached mer ebe die Gross Chrüüz- und Quer, aber die für ghobeni Aspruch, ohni Slums und so, defür ebe Chrüüzfahrte und quer über d Insle, alls i Luxushotel, das muesch deet susch häsch dänn s Bett voll Schwabe – also Chäfer – es hät so oder so natürli vill Tüütschi, überall oder, aber meischtens sehr netti, ich meine bis sich öpper esone Reis leischte cha, mues er scho öpper sy oder –

Er Also afange tuet si da, isch ja klar, und dänn – eh –

Sie s isch alls inbegriffe, heja für dee Prys, Vollpension, Doppelzimmer, Benützig vo de Häfe – also Flughäfe oder – Captains Dinner, neume sogar, wo jetzt, z Marokko glaub, en ächti Fondue-Party –

Er Also Marokko isch am Schluss, ufem Heiwäg, vorher gahts sogar bis China, no vorher gahts ...

Sie Die Staumuur isch doch au inbegriffe, die chinesisch, gäll Oskar –

Er Die Muur da, die gross, jawoll, muess au sehr intressant sy, China überhaupt –

Sie Wievill Tag simmer deet, du?

Er Die Mäntsche da –

Sie Du, Wievill?

Er 800 Milliarde – oder Millione?

Sie Was? Nei, drüü oder vier –

Er Tag? Drüü, richtig, jawoll, drüü Tag China, au no drüü Tag Indie, via Nepal. Nödwahr, die Gross Chrüüz- und Quer gaht ebe, im Gegesatz zur chlyne ...

Quer-Wältreis

Sie Es tibetanisches Chloschter isch au no drin, gäll?
Er gaht si ebe... was?
Sie Es tibetanisches Chloschter! Weisch es scho wider nümme!
Er Isch au no drin, jawoll, richtig, sehr intressant – si gaht ebe vo... si gaht eifach chrüüz und quer durch d Wält – isch ja glych.
Sie Da lehrt mer scho öppis känne!
Er s Schönscht, säg ich immer, isch de Kontakt!
Sie Die Erfahrung von fremder Kultur und Natur! Im Harem-Plaza z Tunesie hämmer nu mit Sudanese verchehrt! Notgedrunge...
Er d Zimmermeitli sind all Sudaneseli gsi – aber herzig.
Sie Das isch ebe s Schöni am Reise, das volkstümlichi –
Er s Mattmüllers händ en ächte Chines mitbracht, us Peking. Die werded da züchtet –
Sie Du meinsch en Pekines – zauberhaft!
Er Aber en bissige Cheib, wie all Chinese –
Sie So Hünd chaufsch ja besser bi eus, isch doch vill praktischer, und billiger – weisch ja nie, was-si der deet für e Trottoirmischig ahänked.
Er Die händ kei Trottoir deet, nu die gross Muur – aber Flöh hät de Hund, sit er da isch –
Sie Mir chaufed lieber en Teppich, gäll Oskar, de chasch mitiniere, und besser ypacke chasch en au, will er flach isch –
Er Hund oder Teppich, s isch en Erinnerig an e Reis –
Sie Und so Erinnerige sind eifach s Schönscht!
Er Und dänn lysch druf, dihei, und alls chunnt der wider in Sinn...
Sie De ganz Mais, bis d'äntli furt bisch...
Er Und de ganz Stress, bis d' wider zrugg bisch – vor allem jetzt dänn, bi de grosse Chrüüz- und Quer – nödwahr, die gaht nämmli vo...
Sie Häsch doch alls scho verzellt, Oskar! Lass jetzt d Lüüt au emal rede! Wohere göhnd dänn Si im nächste Summer?

1984 | **Opus 11**

Reiselust

Fliegsch du nach Sansibar
Fahrsch du nach Istambul –
Du häsch en Swimmingpool
Du hesch e Schunkel-Bar –

Uf de Safari
wie im Wildlife-Reservat
isch my Campari
isch mys Cüpli parat!

An alle Hotelplätz
bi Tämpel, Minaretts
e Pizzeria häts
und e MacDonald hets –

Bisch niene fremd, vo Bali
bis Italia
d Landschaft isch so versaut
s isch ganz vertraut!

Lueg vo Miami bis
Novaja Semlia
Alli hänn s glychlige
Hüetli und Hemmli a –

Häsch du Karibik-
oder häsch du Südsee-Time
d Hotelchäschte glyched
de Chäschte diheim.

Fernseh häsch au, vo
Marokko bis Borneo:
de Derrick uf arabisch
und en maurische Porneo

Reisen das fördert
den Bildungskreislauf:
Lernst fremde Zeit kennen
Land sowie Leut kennen
(de Tokter Durandi
bim Sänneball in Kandy,
und s Fröllein Maja
am Gottschalk-Quiz
in der Biskaya –)
und die Fremde i de Fremdi
nimmt mer in Chauf…!

1984 | Opus 11

Dialog vor dem Apparat

Er sitzt vor dem TV-Apparat, sie eilt geschäftig hin und her.

Er Hämmer öppis z'tringge?
Sie Es chunnt, es chunnt –
    Was chunnt überhaupt?
Er Irgend en Unterhaltigssändig
Sie Öppis Luschtigs?
Er Jo der Ding macht mit, weisch, dä womer s letschtmol
    so glacht hänn ab em – wie heisst er…
Sie Jä de Dings da – de chly – mit-em…
Er Jo genau, dä mit-em Dings…
    Hesch au no öppis z'bigge?
Sie Dänn wirds sicher luschtig – s isch no im Yschaschte,
    s Bündnerfleisch
Er s Bindefleisch meinsch
Sie Was?
Er Das wo im Yskaschte isch
Sie s Bündnerfleisch, ja
Er Es handlet sich nit um e tröchnete Bündner, sondern um Fleisch
    wo ybunde und in Rauch ghänggt wird
Sie Fleisch wo in Rauch ghänkt wird heisst Rauchfleisch
Er Vilicht wirds au nit in Rauch ghänggt, das weiss i nit so genau,
    aber ybunde wirds jedefalls
Sie s wird nöd gräucheret, nu tröchnet
Er Was?

Sie	s Bündnerfleisch isch Trochefleisch
Er	s Bindefleisch!
Sie	Was?
Er	s Bindefleisch isch Trochefleisch!
Sie	Das säg ich ja!
Er	Nei, du seisch s Bündnerfleisch –
Sie	Das isch doch wurscht –
Er	Nei das isch kei Wurscht, das isch tröchnet Fleisch
Sie	Woher chunnts dänn, das tröchnet Fleisch?
Er	Dänggt us der Metzg
Sie	Nei usem Bündnerland! Drum heissts nüd Metzgefleisch, sondern Bündnerfleisch!
Er	Me könnts au z'Basel mache, und es wurd glych Bündnerfleisch heisse – eh… Bindefleisch!
Sie	I de Metzg sägeds au Bündnerfleisch
Er	Gang du emol z'Chur oder z'Flims ine Metzgerei, dört sage si's richtig
Sie	Wottsch doch nöd vo mir verlange, dass ich nach Chur oder nach Flims fahre, nur will du gern Bündnerfleisch issisch zum Fernsehgaffe!
Er	Binde-Fleisch!
Sie	s isch eso scho wahnsinnig tüür – und dänn na d Zugfahrt derzue –
Er	Kei Mensch redt vom Zugfahre –
Sie	Nach Flims goge ychaufe, nu wil si deet em Bündnerfleisch Bindefleisch säged – Das isch ja würkli gspunne!
Er	Es handlet sich doch do nur um e sproochlig Problem –
Sie	Nei, es handlet sich um es Hushaltproblem! Ich muess ja schliesslich mit dym Sackgäld uscho! Ich finde scho 200 gr. Bündnerfleisch de oberscht Luxus für e blödi Unterhaltigssändig –
Er	Die wird ächt luschtig – der Dings macht doch mit…
Sie	– aber jetzt söll ich au no d Metzg wächsle –
Er	der glai Digg, wie heisst-er…
Sie	– nu will dir s Bündnerfleisch vo da nöd passt –
Er	Kumm sitz ab, ich hol's usem Yskaschte, s Bündnerfleisch –
Sie	Bindefleisch heisst das! Für mich häts dusse Salzbärzeli – ich chamer käs Bündnerfleisch leischte –
Er	Salz- was?
Sie	Bärzeli!! Salzbärzeli heissed die! Häsch au nöd gwüsst! Isch nämmli en Druckfehler uf de Packig!
Er	Also ich hol jetzt… Bärzeli und… Bündnerfleisch *Will aufstehen*
Sie	*Steht auf* Sitz du zu dyner Unterhaltig. Hoffentli isch si halb so komisch wie eusi! s nächstmal bring der Fleischchäs. Vo der Alp!

Mann des Jahres

Exgüsi, wänn ich da gschwind ... zmittst is Programm ...

Aber ich säg immer: was miech de Mänsch ohni Programm –
Ich zum Bispil bin uf Lyrik programmiert, also mir beidi, ich und myn Ma –

Wänn ich «Ma» säg, dänn mein ich ... Ja ich bin e ungwöhnlichi Verbindig ygange, mit eme au zimmli ungwöhnliche Ma ... Sit ich mit ihm zäme bin, han ich das dihei, wo sich jedi Frau wünscht: En Partner, rücksichtsvoll und doch dynamisch, introvertiert und doch explosiv – und: Hell uf de Platte!

S Wichtigst natürli, wie für alli Manne, dass mer ihn mit Liebi füetteret – Aber dänn, die Potänz – sagehaft! Also geistig – will – ja, er isch scho en Ma, hät mer festgestellt, und ihn au uszeichnet für syni Potänz –

Si wüssed, z'Amerika wird jedes Jahr «Der Mann des Jahres» gwählt.
Erinnered Si sich, wer's im 83 gsi isch? Richtig: De Computer! Und dee han ich jetzt dihei!

Also wänn ich tänk, was mer für Umtrib hät miteme richtige Ma – Was das für Närve choscht! Die Müeh, bis er reagiert, wänn d öppis wottsch –

Da isch «der Mann des Jahres» scho ganz es anders Kaliber! En Tastedruck und scho reagiert er! E Frag – scho git er Antwort! Händ Si das dihei? Ebe gsehnd Si –

Weisch nüd, was choche, staht er der nüd im Wäg ume und macht läppischi Vorschläg – www.alfredissimo/print und scho chocht dir de Biolek Znacht!

Wänn d Luscht häsch, spilt er e Partie Schach mit dir, ohni gruusigi Stümpe z rauche und literwys Bier i sich yne z'leere – Und bin ich in Stimmig, dänn trybed mer mitenand ... ebe, lyrischi Blüete!

Ich gib ihm s Thema – de Musekuss sozuesäge – Zum Bispil han ich en mit dem Goethe-Zitat gfüetteret «Edel sei der Mensch, hilfreich und gut». Das hät er poetisch umgformt in:

> Gut ist der Mensch, und edel
> Computer sind guter, mein Mädel!

Isch ebe eis vo den erschte Gedicht gsi – no unbekümmeret.
Die spöötere sind natürli philosophischer – ghaltvoller –

> Ich, Computer
> Bin wie du, Mensch
> Eben noch neu, und schon
> Kommt nächste Generation.
> Schon nagt an meinen Megabyte
> Zahn der Zeit –
> Jugend ist nur geborgt
> Altes Modell wird entsorgt.

Also, ich mues scho säge, das isch eimalig. Da chunnsch hei, abgschlafft, müed, mit Seck voll Fuetter, und da staht ein dihei und begrüesst dich statt mit eme suure Stei und «wieso isch s Menü nanig fertig?» zum Bispil mit eme Liebesgedicht, wie geschter:

    Komm heim, Geliebte und Mutter
    Zu deim
    Heim-Computer!
    Speicher sehnt sich blind
    Nach Tastendruck deiner Hände
    Forward
    back
    print
    Ende!

Da nimmt mer gern in Chauf, dass sich bim «Mann des Jahres» d Erotik im Verbale erschöpft. Ich mein – wo isch da der Unterschid zum Mann des Alltags?

    Ja, ich chumme, Computi – s git Gutiguti!

    Überleged Si sich, öb Si Ihre nöd au wetted ersetze…!

1984 | **Opus 11**

Schlafliedli

Schlaf mys Chind
schlaf y, myn Chlyne
du muesch nüd verschrecke!
was so töönt
sind Prässluftbohrer an allne Egge –
Si isch halt luut, die Wält
du lehrsch-es gly,
de Fortschritt lärmt und chracht
s muess offebar so sy –

Schlaf mys Chind
nach jedem Tag
chunnt d Nacht

Schlaf y!

Schlaf mys Chind
schlaf y, myn Chlyne
tue dys Chüssi gnüüsse;
was so töönt
sind nu Motore
und Jumbodüüse –
Si isch rasant, die Wält
du gwöhnsch-dich dra,
dass s Eländ deet isch und
de Fortschritt daa und d Macht –

Schlaf mys Chind
nach jedem Tag
chunnt d Nacht

Schlaf y!

Schlaf y myn Chlyne
Schlaf y myn Brave
Schlaf ruehig, doch mir, wo de Verstand händ
Mir sötted alles nu nüd schlafe
mir, wo dy Wält, dy Zuekuft i de Hand händ –
E Wält, vergiftet und verschandlet
wo explodiert vor luuter Lüüt,
vo dene Wenig Alles händ –
Mir wüsseds, wurschtled wyter bis as Aend –
Und du, du häsch dänn s Gschänk
mit eusem Testamänt ...

Schlaf mys Chind
schlaf y, myn Chlyne
du gsehsch sälber bald:
me gwöhnt sich schnäll
an jede Horror, Terror,
Pescht und Gwalt –
Du nöd, ich hoffe's fescht

Jetzt bisch du vertwacht –
du muesch nöd gryne
bin ja by-der

Schlaf, dass d gly
gross wirsch und starch
und echly gschyder
als mir –

Schlaf mys Chind
s wird Tag
nach jedere Nacht –
Schlaf y ...

1984 | **Opus 11**

Moralpredigt
in den späten Achtzigern

Wir lesen's bis zum Überdruss seit Wochen und seit Jahren schon:
Es stirbt der Wald, der See, der Fluss – man kann's bald nicht mehr hören!
Man wird von links und rechts traktiert,
mit bösen Fakten konfrontiert
die unsere Bequemlichkeiten stören –
Wir schänden unsern Lebensgrund, doch keiner ist dran schuld,
die Wirtschaft und die Wissenschaft
die predigen «Geduld»,
Wir wünschten, jemand setzte endlich die Prioritäten –

So tut doch selber etwas
anstatt immer nur
davon zu reden!

Sie, die Reporterin, interviewt den Regierungsrat

Sie Herr Regierigsrat, chönd Si eusi Zueschauer und Zuehörer über de neusti Stand vo Ihre Krisesitzige informiere?
Er Aber gern. Also mir vo de Regierig händ uf Grund vo de alarmierende Schademäldige us euse Wälder jetzt grad es Massnahmepaket usgarbeitet mit em Titel «Sofortmassnahmen Luftreinhaltung». Eusi Experte händ festgstellt, dass d Luftbelaschtig mit Schadstoff vill z'hoch isch.
Sie Ach – das händ Si jetzt feschtgstellt! Und was gedänked Si dergege z'tue, Herr Regierigsrat?
Er Nun: Verschidenes! Näbed mittelfrischtig wirksame Massnahme wie d Förderig vom Umstyge ufs öffentliche Verchehrsmittel und d Parkplatzplafonierig sind i eusem Luftreinhaltigsmassnahmepaket au d Vorschleg zum Usbau vo ergänzende S-Bahn-Streckene, au vonere bessere Apassig vo de Busfahrplän enthalte –
Sie Interessant – aber sötted mir nöd... ich meine, es gaht doch um Sofortmassnahme, wo sofort wie mögli...
Er Das isch richtig, aber mir chönd das kompläxe Problem nöd mit simplifizierende Schlagwort löse – leider! – sondern müend die Komplexität im Kontext zur Choschte- und Nutze-Effizienz... eh... belüüchte – wänn Si verstöhnd was ich meine!
Sie Überhaupt nöd – das heisst: das isch hochinteressant! Gang ich richtig i de Anahm, dass Ihri Expertise zum Schluss chunnt, dass d Ursach vo de Luftverschmutzig all das isch, was de Mänsch verbrännt: Öl, Benzin, usw.?
Er Wieso wüssed Si das, eusi Expertise isch doch no gar nöd veröffentlicht...? Aber es stimmt: hauptverantwortlich für Luftverschmutzig und Waldsterbe sind allem Aschy nah d Schwäfeldioxid – also Ölheizige – und d Stickoxid – also de motorisiert Verchehr.

Sie   Und da setzed Ihri Sofortmassnahme a?
Er   Ja, da händ mir sofort e paar wäsentlichi Vorschleg und Empfehlige usgarbeitet.
      Mir händ zum Bispil berächnet, dass e Motorfahrzüüg-Nachkontrolle im Jahresturnus – anstatt all drüü Jahr – de Usstooss a Cholewasserstoff bis zumene Viertel verringere chönnt!
Sie   De Stickstoffoxid-Usstooss allerdings nöd?
Er   Dee nöd, nei –
Sie   Aber dee müesst doch dringend gsänkt werde?
Er   Genau! Drum simmir au für d Yfüehrig vo bleifreiem Benzin...
Sie   Gits da scho Vorschrifte?
Er   ... es isch alles im Besprächigsstadium – und für Katalysatore simmir au.
Sie   A Neuwäge?
Er   A Neuwäge, jawoll.
Sie   Also bis all Wäge giftfrei verchehred, gahts no einigi Zyt?
Er   Um d Jahrhundertwändi sötti de Yfluss uf d Luftqualiteet spürbar werde – da simmir ganz zueversichtlich.
Sie   Das isch ja würkli beruehigend; und wie stelled Si sich zu würkliche Sofortmassnahme, also Benzinrationierig, Tämporeduktione usw. Herr...
Er   Simmer derfür, jawoll, und werded eus au demnächst imene Vernehmlassigsverfahre derzue üssere –
Sie   Liebi Zueschauer und Zuehörer, jedefalls gsehnd Si...
Er   ... mir händ die Problem erkannt, i de Regierig wird alls besproche und git alls vill z'rede, und irgendwelchi Kompromiss werded mir mit echly guetem Wille scho finde!
Sie   Mir danked Ihne für das Gsprööch und säged Ihne, Herr...
Beide Gott-Noch-Mal...

Wo bleibt der Mut des Parlaments am Krankenlager unsres Walds,
der Mut zu schneller Konsequenz, der uns so imponiert hat?
Ein Bundesrat, ein Mann, ein Wort
so glaubte man, bis die Sofortmassnahmen man sofort relativiert hat –
Und seither wird mit Pro und Kontra diagnostiziert
Wer hat noch nicht – wer will noch mal –
und unser Wald krepiert,
Und Ihr da oben diskutiert und registriert die Schäden –

So tut doch endlich etwas
anstatt immer nur
davon zu reden!

Die Studentin und der eingebürgerte Geschäftsmann

Sie Myn Profässer seit, als Sofortmassnahme gäge d Luftverschmutzig chömed nu zwei Sache in Frag! Sparen und Verhaltensänderung! Also Benzin spare, Heizöl spare; weniger Autofahre, freiwilligi Tämporeduktion, Motorabstelle i Kolonne und vor Stopliechter, Katalysatore au i Altwäge...

Er Also jetzt langets, Fräulein! Als Vertretter vo de Automobil-Industrie muss ich Ihne sege, dass mir disi eisyttigi Vertüüfelig vom Auto langsam satt hend! Tschuld am suure Rege sind nüd d Auto, sondern d Hushaltheizige, nämmli s Schwefeldioxid...

Sie Ja das hät myn Profässer au gseit –

Er Ihren Professer isch en Theoretiker, verstöhnd Si, aber ich bin en Praktiker! Und als Praktiker weiss ich, mer kann nüd Auto verkaufe und dadermit Arbeitsplatz erhalte, wenn die Auto plötzlich dopplet so tüür werded wege Entgiftigs-Klimbim – d Heizige müend entschweflet werde, und de Borkechefer muess killt werde, das sind d Sündeböck, nüd s Auto –
s Auto isch de Prügelknab, und dadergege wehred mir eus. Mir händ Milliarde für de Bau vo Autobahne usgeh, dadruf muess mer au chönne fahre, was en Wage hergit, oder –

Sie Nur: z'Amerika händ's au Autobahne, und Tämpobeschränkig.
Und z'Japan au!

Er Aber mir sind kei Yankees, Fräulein, und kei Japse! Mir sind Schwyzer! Imene freie Land! Und verteidiged auch eusi Tempofreiheit, ja!

Beruhigend sagt Ihr, die Ihr in Politik und Wirtschaft schafft:
«In jeder Krise steckt die Chance für eine neue Wende!»
Wie schön tönt so ein Manifest, nur: was Ihr leicht dabei vergesst:
Um Chancen zu ergreifen, braucht es Hände –
Mit Händen, durch das Zählen von Gewinnen absorbiert,
sind Chancen nicht ergreifbar –
Dass Ihr das nicht kapiert!
Ihr schwatzt von Chancen, die die Krise bieten kann für jeden –

So tut doch endlich etwas
anstatt immer nur
davon zu reden!

Er, der Grossunternehmer

Also nüt für unguet, aber ich möcht doderzue doch au no öppis sage – das Problem beschäftigt au mi – und ich gseh das Ganze nun glych nit ganz eso tragisch.
Luege Si, mir hänn jo ei grosses Problem in der Schwyz, das isch unseri Bodeflechi. Die bestoht zumene Drittel us Wohnüberbauige, zumene Drittel us Asphalt und Beton und zumene Drittel us Matte und Wälder. Der Räschte sin Bärge und Gletscher.
Also, e Schwyz ohni Wälder isch fürs erschte schone bitz e komische Gedangge. Aber luegemer doch die Sach emol vo der andere Sytte a. Wenn-me sich nämmlig vorstellt – nämme-mer doch grad emol d Agglomeration Züri – der Dolderwald, der Üetlibärg –, wenn-me sich vorstellt, die wäre ewägg, das gäb doch die wunderbarschte neue Sidlige, soziale Wohnigsbau, sogar e baar Jugendhüüser irgendneume uf der Krete, e Drogestation im Wehrebachtobel, Alterswohnige uf der Fallätsche, mitere Rutschbahn is Triemlispital abe – hejo, i mein numme, so usem Ärmel gschwätzt he, goht vilicht scho z wytt, aber sicher isch: D Wohnigsnot könnt behobe wärde, d Baubranche hätt wider Hochkonjunktur –
– Ich find das e gueti Idee: statt em Wald, wo jo bis hütt eifach dostoht und Platz ewäggnimmt, hätt jedes sy Gärtli mitere nordische Tanne, die sinn nit eso heikel, oder ufem Dachgarte e paar japanischi Bonsai-Kifere im Töpfli – und die ganz Schnurerei über Tämpolimite und Abgasentgiftig könntsch vergässe, me könnt sogar no schnäller fahre und no giftiger, damit die Sidligsflechene gly frei wärde – hejo, i mein, wenn scho – hütt baue isch immer no billiger als erscht morn!

«Verhaltensänderung» – ein Wort das tönt so simpel und so klar –
Doch wer nimmt Worte noch beim Wort, die uns da unterwandern?
Wir wissen's, und wir können's sehn,
es müsste dies und das geschehn –
Nur: Ändern sollen sich zuerst die andern –
Im Radschlag sind wir gross, im Ratschlaggeben ebenfalls,
s ist alles halb so schlimm, steht auch
das Wasser bis zum Hals –
Wir ziehn sie längst nicht mehr, wir hängen selber an den Fäden –

So tut doch endlich etwas,
anstatt immer nur
davon zu reden!

Ihr wisst doch ganz genau Bescheid, was ist denn, Himmelarschundzwirn
mit eurem halben Pfund Gehirn und euerer Moral los?
Die braucht Ihr wie ein Handtuch: schlapp,
Ihr trocknet dran die Hände ab,
die zahllos Ihr in Unschuld wäscht und wahllos.
Ihr streckt euch immer nach der Decke, dreht euch mit dem Wind,
und Ihr beklagt euch, dass «die Andern»
schuld an allem sind –
Ihr schimpft auf jede Obrigkeit, auf alles und auf jeden –

So tut doch endlich etwas,
anstatt immer nur
davon zu reden – –

Setzt selber, Bürger, die längst fälligen Prioritäten
und tut um Gottes willen etwas Tapferes –
statt immer nur
davon zu reden!

1985 | **Opus 11**

Tanz auf den Vulkanen

Von den Roaring Twenties
von den wilden Zwanziger-Jahren
haben wir durch Film und Buch
soviel Verruchtes erfahren:

Im Variété gabs nackte Beine
kein Busen war tabu
Und der Haifisch hatte Zähne
und biss überall zu

Es gab den Foxtrott und den Fortschritt
Zeppelin und Daimler-Benz
Börsenkrach, Champagnerpfropfen
Das war der Jahrhundertlenz

Es gab Tucholsky, Krauss und Kabarett
als Spass, am Rande bloss
Und der Faschismus wurde gross
Da war was los!

Von den Roaring Twenties
der verrückten Zwanziger Zeit
hab ich Opas Mafia-Hut
Omas Paillettenkleid

Sie sprach verzückt von ältren Herren
und ihrem Herzgeklopf
konfrontiert mit flachen Busen
und wildem Bubikopf

Es gab die Schönen und die Schieber
Reiche gabs und Arme, und
ein paar kleine Diktatoren
warteten auf ihre Stund

Bald gab es Krach, doch erst einmal zu Haus
Oh Schmach, wenn man erfuhr
dass Oma Tango tanzt mit Opa
Tango d'amour...

Er und sie tanzen den Tango

Das sind die wilden
Zwanziger-Jahre
Man hält sich fest
und tanzt, eng
aneinandergepresst –
Das ist der Tanz
der Tanz auf den Vulkanen
in Moll und Dur
Tango d'amour...!

Das Gewissen jener Zeit
auf den Scheiterhaufen brennt's:
Kästner, Mehring, Brecht, Tucholsky –
Das war der Jahrhundertlenz

Dann explodierte der Vulkan; der Tanz
ward Totentanz – und gross
blieb nur noch die Erinnerung:
Da war was los!

Was heisst «Roaring Twenties»?
Blick nach vorne! Alles ist klar!
Vor uns winken die verrückten
Zweitausender-Jahr!

Ohne Temporeduktionen
und ohne Bremspedal
rasen wir in wildem Fluge
auf die magische Zahl –

Es gibt den Hot-Rock und den Fortschritt
Überfluss und Hungersnot
Und die Satelliten jagen
durchs Jahrhundertabendrot –

Es gibt Satire, echolos
und Kabarett am Rand der Zeit
Und der Faschismus wächst erneut –
Da ist was los!

Wilde Roaring Twenties!
Heute sind wir doppelt so wild!
Aus dem Bild der Erde machten
wir ein anderes Bild:

Wir fräsen Schneisen durch den Urwald
in ungebremstem Lauf
Holzen ab die Regenwälder
und nichts hält uns auf –

Wir korrigieren den Planeten
und planieren die Natur
Hinter uns die Abgasschwaden
und die Trümmer der Natur –

Wir alle rüsten uns zu neuer Zeit
wie da, als mit Bravour
die Oma Tango tanzt' mit Opa
Tango d'amour...

> Das sind die wilden
> Zweitausender-Jahre
> Man hält sich fest
> und tanzt, eng
> aneinandergepresst –
> Das ist der Tanz
> der Tanz auf den Vulkanen
> in Moll und Dur
> Tango d'amour...!

1985 | **Opus 11**

Da fand ein Bekannter aus **A**ndermatt
Das Telefonbuch, das Herr Wander hat
Viel interessanter
Als das von Frau Ganter –
Ich frage mich nur, welchen Band er hat…

Da gab's eine Dame in **M**eilen
Die sah man zur Bahnstation eilen
Sie fuhr via Suhr
Nach Collioure und retour –
All das nur wegen dieser fünf Zeilen

Da fuhr, seufzt Frau Rohr schwach aus **R**orschach
Mein Georges, ach, zum Fischen nach Morges, ach –
Ein Fisch riss ihn jäh
In den See – seither seh'
Ich in, ach, jedem Genfersee-Dorsch nach…

Da gab's eine Dame aus **B**remen
Die hatt' ein gar eignes Benehmen
Sie sagte gleich «du»
Doch griff man dann zu
So meint sie: Sie sollten sich schämen!

Da meinte ein **B**auer, ein schlauer
O wäre er doch ein Kentauer!
Er zöge den Pflug
Und damit nicht genug
Beglücke auch noch seine Frau er

Lugnez erkor jetzt **F**räulein Fretz
Mit knappem Mehr zur Miss Lugnez
Man wundert sich, wie
Sie's geschafft hat, doch sie
Sprach: Dank Fretzens geschätzten Korsetts! –

Ich kenn' einen markigen **S**ennen
Der hat nichts ausser drei Hennen
Die erste und dritte
Legen Eier, die mittle-
re lernte er am Sennenball kennen

Limericks
zum Siebenten

Da ruft an der Party Herr Krause:
Ich bin hick so voll wie ein Strausee!
Jetzt hick noch ein Bier
Oder zwei oder vier
Aber dann muss ich hick hick nach Hause!

Da suchten zwei Damen aus Wiesendangen
Am Abhang des Niesen nach Riesenschlangen
Doch Schlangen (auch Riesen-)
Sind schüchtern, die liessen
Sich niemals in Wiesen von diesen fangen

Da gab's einen ältlichen Briger
Der lebt' nur von Schafkäs und Ziger
Tat der ohne Filter
Den Mund auf, dann killt' er
Selbst kräftigste Löwen und Tiger

Da bekehrte ein Doktor aus Schweden
Kannibalen zu schalen Diäten
Paar Wochen ging's fein
Dann bekam leider ein
Kannibal Appetit – Lasst uns beten!

Da gab's einen Andern am Spöl
Der lebt' nur von Chabis und Chöhl –
Jetzt ersetzte er zwar
Den Chöhl durch Kaviar
Denn er fand auf dem Land am Spöl Öl

Da gestand ein Student mir aus Eton
Bewandert auf allen Gebeton:
Von Osten bis Westen
Gefall' ihm am besten
Der Lauerzersee mit den Meton

Da hatte ein Herr aus den Anden
10 Onkels, 8 Neffen, 6 Tanten
Plus 7 Mätressen
Aus Böhmen und Hessen –
Ein Hoch den Familienbanden!

Da gab's eine Dame aus Westerland
Die als Mann einen Mister aus Leicester fand
Der Mister aus Leicester
Der kissed ihre Schwester –
Nun ist auch die sister in bester Hand

Da gibt's einen Herrn aus Paris
Der schreibt es mit ch, wie «cheese»
Frau Frei aus Shanghai
Aber schreibt es mit ei
Und wie, if you please, schreiben Sie's?

There was a young man of G.B.
Who spelt the word villa with v
Ein Herr von der Au
Aber schrieb es mit V
Andres Land, andre Sitten – you see!

226
227

Plakat   SCAPA

Heile Welt

Unsere Welt ist so heil
wie wir's mit ihr treiben
Wir haben sie in
die Jahre gebracht
Drum wolln wir sie
liebevoll nett beschreiben
damit sie auch nett
aus den Kissen lacht.

Sie liegt schon im Argen
es sei nicht bestritten
Doch *so* arg wie die Nörgler
vom Dienste das sehn
So arg ist's noch lang nicht
auch am Anfang vom dritten
Jahrtausend – sie lässt sich
doch immer noch drehn!

Gedreht wird sie nicht
von uns, den schwarzen Petern
dazu sind wir a) zu schwach
b) zu bequem
Gedreht wird sie bestens
von unsern Vertretern
die wir dazu gewählt
nun ist's *ihr* Problem.

Wer die Weltkugel dreht,
den soll man nicht stören
Mit Befriedigung hören
die Gewählten wir schwören:
Geht beim Drehen noch so vieles kaputt –
Alles wird, alles wird
wieder gut!
Wir lösen die Probleme,
die über uns hängen
indem wir die hängen-
den Schwerter verdrängen
mit einfachem Simsalabim:
Alles halb, alles halb
so schlimm!

Wie schön, die Verantwortung
zu delegieren
Was auch immer passiert:
Nur keine Panik im Schiff!
Übt das bequeme
Bagatellisieren
Die von uns Gewählten
haben alles im Griff!

Wir ziehn uns zurück
und die Scheuklappen an
Aus den Wolken fällt Gift
Wir gewöhnen uns dran
Die Dome zerbröckeln
Der Ozonschild zerbricht
Die Akropolis wankt
nur unser Weltbild wankt nicht –

Die Welt ist so heil
wie wir's mit ihr treiben
Wir haben sie in
die Jahre gebracht
Verschachern sie wohlfeil
da hilft ihr kein Sträuben
den hungrigen, geilen
Zuhältern der Macht –

Sie brauchte zwar unsereins
um zu genesen
Unsere Sorge wär's
was sie kuriert
Doch blind kann man
Zeichen der Zeit nicht lesen
Und vom Krankenbett haben
wir uns dispensiert –

Ob der Wald stirbt, der Boden, das Wasser, die Wiesen
wegen denen oder diesen
da ist nichts bewiesen
Zur Aufregung gibts keinen Grund
Alles wird, alles wird
wieder gesund!
Ob die Geister, die wir riefen, unsrer Macht entgleiten
zum Unheil sich weiten
das kann man bestreiten
mit dem einfachen Simsalabim:
Alles halb, alles halb
so schlimm –
alles halb, alles halb
so schlimm...!

1986 | **Opus 12**

Ohne Waffen

Er, der Militär, der Geschäftsmann, der Parlamentarier
Sie, die Ur-, die Welt-Mutter

Sie   Die Welt braucht Waffen, immer neue Waffen
      Die Rüstungsspirale nimmt uns den Schnauf
      Wozu müssen wir all die Waffen anschaffen?
      Der Mann im Militärhut gibt Antwort darauf:

Er   Die Welt ist nun einmal in Blöcke gespalten
      Jeder Block braucht mehr Waffen als der andre hat, klar?
      Und damit keiner mehr hat, muss jeder mithalten
      Und dass der Westen am meisten hat, ist unabdingbar –
      Wie hätten wir sonst 40 Jahre Frieden geschaffen
      Ohne Waffen?

Sie   Waffenstarrende Völker von Westen bis Osten
      Das Risiko: alles geht unter und drauf
      Und was da für Irrsinnnskosten verrosten –
      Der Mann mit dem Aktenkoffer gibt Antwort darauf:

Er   Der Mensch will sich wehren, das ist naturgegeben
      Waffen sind ein Konsumgut, wie Fleisch oder Bier
      Haben Sie mal überlegt, wieviel Menschen – wie wir –
      von Waffenentwicklung und -fertigung leben?
      Wie wollen Sie denen einen Job verschaffen
      Ohne Waffen?

      Das ist eins. Doch daneben, liebe Fraun, Nummer zwei:
      Vergessen Sie nicht – wenns auch bescheiden tönt –
      In Weltraum- und Waffenforschung wird nebenbei
      viel erfunden, was Ihnen das Leben verschönt:
      Weder Tumbler noch Teflon noch Mixer, um Teig zu verschaffen
      Ohne Waffen!

Sie   Wir danken für Obst und die Obszönität
      dass man uns samt dem ganzen Haushaltgerät
      x-mal pulverisieren kann – das ist genug!
      Der Mann im Parlament kommt nun auch noch zum Zug:

Er   Wir alle wollen doch nichts als den Frieden!
      Die Abrüstung ist uns als Ziel doch gemein!

Sie So stoppt Euren Overkill
Er Sicher! Nur wie denn
kommt Sicherheit? Dazu muss man gerüstet sein!
Sie Ihr redet über Abrüstung und rüstet auf –
Er Wir bemühn uns darum!
Sie Alles fauler Trick!
Er Wir nehmen das Aufrüsten nur in Kauf!
Sie Das ist Wahnsinn!
Er Oh nein, das ist Politik!
Wie sollen Ost und West denn die Waffen abschaffen
Ohne noch mehr Waffen?

Sie Ohne Waffen...

1986 | **Opus 12**

Aus den babylonischen Endlagerstätten

Wenn die Sumerer um 3000 vor Christus schon radioaktiven Müll endgelagert hätten, müssten wir heute noch all ihre Endlagerstätten rund um die Uhr bewachen, Tag und Nacht, Sommer und Winter. Heute und noch weitere Tausende von Jahren. Theoretisch.
Praktisch allerdings sieht die Geschichte anders aus:

Schon kurze Zeit nach den engültigen Deponierungen der Endlagerbehälter mit den eingeschmolzenen Brennelementen drangen die Akkader nach Babylonien und Assyrien ein.
Durch Krieg und Eroberungen entstanden in den folgenden Jahrtausenden neue Dynastien, gingen Grossreiche unter, gab es Einfälle semitischer Beduinen, brachten die Kassiten ganz Babylonien unter ihre Herrschaft.
Von einer sicheren Bewachung der babylonischen Endlagerverwirrung konnte schon lange keine Rede mehr sein.

Schon unter Hammurabi entdeckte man Felsgebiete, die salzkrustig aufgebrochen und von siedender Oberfläche waren – die Assyrer litten mehr und mehr unter rätselhaften Krankheiten, ihre Weiber gebaren missgebildeten, lebensunfähigen Nachwuchs – bei Kriegswirren, Felsstürzen, Erdbeben rissen Berge auf und giftige Gase, deren Herkunft niemand begriff, strömten übers Land. Die Kamele starben, die Ziegen und Schafe, die Hühner und Schweine –

So ging das Assyrische Reich unter.
Nicht durch die Chaldäer und nicht durch die Meder und nicht durch Alexander den Grossen – den gabs nämlich gar nicht, es gab nur einen kleinen, verkrüppelten Alexander, zwergwüchsig und idiotisch – ob wegen nicht kontrollierbarer Endlagerungen oder wegen babylonischer Harrisburgs, Tschernobyls und Cattenoms ist heute irrelevant, nachdem es uns alle ja auch nicht gibt – theoretisch.

Praktisch, zum Glück, gibt's uns, uns samt unserer Vergangenheit.
Ob man das in 5000 Jahren auch noch weiss, das hängt von uns ab. Von uns! Nicht von unseren Politikern und Wissenschaftlern!

1987 | **Opus 12**

Dialog im Kopf

Er und Sie treffen sich, Begrüssung übertrieben herzlich und heiter, Spiel und Ausdruck, vor allem der Klammer-Texte, die «beiseite» und zum Publikum gesprochen werden, chargiert grotesk.

Er Aach lueg a, d Frau... eh...
Sie Eh lueg au do, der Herr... eh...
Er Winkler
Sie Winkler, nadirlig! – Schnätzer!
Er D Frau Schnätzer, hejo – scho lang nimm gseh!
  (Die het sich wahnsinnig veränderet –)
  Si hänn sich überhaupt nit veränderet!
Sie Aber Si! Y hätt Si fascht nimm kennt!
  (Dä het doch vyl interessanter usgseh –)
Er Y ha dozmool none Bart trait!
Sie Ah drum!
  (Dä het wenigstens sy fliehend Kini versteggt –)
  Kunnt ene usgezaichnet ohni!
Er (En unmeeglige Huet het die a)
  Nätt gsehn Si us!
Sie (Wie verdruggt dä umelauft – hejo, däm isch doch d Frau ab –)
Er Vilicht nimm y der Schnauz au no ab!
Sie Das wär aber schad!
  (Gsächt mer jo nimm, was er Zmidag gha het –)
  Flädlisuppe...!
Er Wie maine Si?
  (Dä Huet – y schenier mi ganz –)
Sie Y bsinn my guet – Ihri Frau het sälbergmachti Flädlisuppe ufftischt –
Er Ah jä, sällmol – die hani allewyl no am liebschte!
Sie (Me sehts!)
  Wie gohts ere au?
Er Der Suppe?
Sie Der Frau!
  (Jetzt muesch luege, wie ner ins Schleydere kunnt!)
Er Usgezaichnet – si isch grad zur Kur in Ischia
Sie (Ischia? Mit was zahlt dä Ischia?)
  Ah, denn sinn Si wider zämme?
Er Es isch nie anderscht gsi!
  (En impertinänti Person, wieso waiss die das?)
Sie Irgendepper het mer verzellt...
Er Es wird sovyl gschwätzt, gälle Si, Frau... eh...
Sie Schnätzer!
Er (Schwätzer wär richtiger –)
  Und Ihri Familie – alles zwäg?

Sie Usgezeichnet, y dangg, d Kinder sinn au scho gross. Erinnere Si sich ...
Er (Die Söigoofe, wo mer der Töff gschlisse hänn –)
Sie Si hänn si doch so nätt uf Ihrem Töffli fahre losse!
Er Was mache si jetzt?
(Interessiert mi zwor e Hafekäs –)
Sie Der Eltscht isch grad befeerderet worde – Oberlytnant!
(Jetzt stuunt er nit schlächt.)
Er (E Militärkopf wie der Alt –)
Sie Und de Jinger schafft an syner Dissertation –
Er (Dä studiert glaub schone Ewigkait –)
Was studiert er?
(Wohrschynts Jus. Kunnsch nit drus, studiersch Jus!)
Sie Gynäkologie!
Er Ah, denn isch er bi de Griene?
(Wänn si di niene, gohsch zu de Griene! –)
Sie Nai, Arzt!
(Dä het denn kai Ahnig!)
Er (wenns iberal harzt, wirsch Arzt!)
Sie Jä, so goht d Zyt verby. Und ihry Kinder? Jäso, Si hänn jo kaini ...
Er (Gottseidangg!)
Sie Me verpasst scho ebbis –
Er (E Militärkopf und e Griene – y waiss nit, was y do verpasst hätt –)
Me het derfir anderi Sorge!
Sie (Kai Wunder, mit sonere Frau!)
Also ich mues wyter!
Er Isch jetzt e glatte Zuefall gsi – aigentlig hani in die ander Richtig welle –
(Oh, wär y doch!)
Sie (Worum isch er nit –)
Er Lytte Si emol a, mer wohne jetzt z Erlebach.
Kemme Si mit Ihrem Ma ufe Glas Wy und e glaine Imbiss!
Sie (Flädlisuppe – nit gschänggt!)
No so gärn – es wär wirgglig wider Zyt!
Er (Hoffentlig lyttet die nit a –)
Also denn, bis bald!
Sie Bis bald!
(Flädlisuppe – Pfydeyhänggeler!)
Er (Dä Huet, zum Schreye ...)

1986 | **Opus 12**

Der Rentner

Mit Schirm und Plasticsack, schlendert vorbei, bleibt stehen

Grüezi!
Gang ebitz go poschte! D Frau het gmeint, y könnt ere doch 100 gr Eierschwämmli mitbringe, wenn y scho grad in der Stadt syg – Klar – mach ich – kei Problem!
Ha sowiso müesse der neu Sprützkopf hole für der Garteschluuch – denn goht das grad in eim – e paar Ykäuf für d Frau –
Sucht und findet Zettel

> 100 gr Eierschwämmli
> grüner Pfeffer
> 1 Tube Senf, vom milden
> 2 H-Plätzli ...
> Geriebener Käse

... het si jetzt gseit Parmesan oder Sbrinz? – Isch jo glych, y bring vo beidem, sunscht gits Mais wenn y s Falsche bring! Denn hol ys snäggschtmol lieber wider sälber, seit si denn – hejo, si het natürlig früehner alles sälber poschtet, klar, aber jetzt isch si froh wenn si mi ka schigge – bi sunscht nur im Wäg deheim –
Studiert den Zettel
H-Plätzli ... Was heisst jetzt scho wider H-Plätzli ...?
Ah grüezi Herr ... Solli ...! – der Dings – schafft au bim Stebler, ein vo de Junge, isch yträtte kurz vor ich ... Moosbrugger ... André heisst er!

Ych bi pensioniert, oder!
Heerlig sag ich Ihne, y gniess es richtig! 35 Johr lang am Achti in der Bude – und jetzt plötzlig: frei! Uspfuuse! In Rueh Zmorge ässe, stundelang Zyttig läse – s Hobby pfläge: der Garte! Oder in der Stadt ummeschwanze, währenddäm der Moosbrugger ...
Wieso isch denn dä in der Stadt, um die Zytt – hätts bi mir nit gäh –
Blick auf Uhr
20 ab, längt no guet für e Kaffi und e Bligg in d Zyttige – meischtens kumm i am Morge doch nit derzue ...
Hejo, d Frau muess jo au ihri Huusarbet mache könne, oder –

Früehner bin y am halb Achti immer furt, do kasch natürlich jetzt nit plötzlig am Zmorge hogge bis am Nüüni, Zyttige läse, dauernd dryschnure wenn d Susann wott d Kuchi mache ...
Ha welle e paar Idee ybringe, wie me der Hushalt besser organisiert.
Aber vo däm wott si nüt wüsse! Ych bi dir au nit ins Büro trampt und ha der verzellt was de besser mache könntsch, het si gmeint – hätt mer grad no gfählt! Mir sage, was ich besser mache ka, in mym Bruef! Vo däm het si jo nie en Ahnig gha –
Aber koche ka si – e gueti Muetter isch si gsi –
Ych ha jo kuum Zytt gha für d Knöpf. Sinn beidi scho lang usgfloge, s Meitli isch ghüroote, der Bueb het e gueti Stell – Computerfachma – ych verstand ja nüt vo Computer, mir hänn no ohni das gschafft – also s het bi uns au agfange, in de letschte Johr – der Dings do, der Moosbrugger isch Programmierer – dä losst wohrschynts der Computer schaffe, dass me-n-en zur Gschäftszytt in der Stadt gseht ...!

Hätts bi mir nit gäh – do het jede gwüsst was er z tue het – 5 Minute zspoot am Pult – e Strich. Unabgmäldet in d Stadt – e Punggt. 5 Minute zlang uf dr Toilette – 2 Strich. Für das hets Cigarettepause gäh: Zähni bis Zähnifuffzäh. 15, nit 20, Herr Räber! Au dä han y in der Nase gha, dä Räber –

Kuum isch dä in der Firma gsi, het er gmeint er müess überall sy Latz dryhängge: das könnt me doch besser mache und säll effiziänter gstalte – im Studium heige si ganz neui Methode entwigglet …
Do simmer aber nümm im Studium, do simmer in der Praxis, Herr Sträber! Han y natürlig nit gseit, aber dänggt – Nei, mit de Agstellte bin y immer korräkt gsi. Aber das han y nit vertreit, dass ein vo der Schuelbangg kunnt und meint er müess mir, wo sit 35 Johr die Abteilig schmeisst, verzelle was me könnt besser mache!
Jetzt isch er Abteiligsleiter – en Ersatz für mi hänn si natürlig nit gfunde, was hänn si welle mache …

Het no vyl Lütt in der Stadt, so amene Morge – meischtens Fraue. Hejo, d Männer schaffe halt … Also myni schafft au, deheim, do gits nüt z regglamiere. Drum ebe, nach em Zmorge in Fauteuil sitze, Zyttig läse – längt knapp für d Todesazeige, denn isch Schluss, denn muess d Susann d Stube mache – was wottsch!
Derby könnt si e Halbstund spöter afoh und erscht no früehner fertig sy!
Das ghört si natürlig nit gärn! Aber: zerscht mit em Staublumpe überal dure isch schone Viertelstund, denn mit em Staubsuuger, nomol eini, denn mit em Sprützkännli für alli Pflanze, immer wider yne und uuse, am Schluss no d Möbelpolitur – Worum nimmsch nit der Staubsuuger in die lingg Hand, der Staublumpe do obe yne, wiene Poschettli, d Möbelpolitur in der Schurztäsche – vorhär der glai Stuehl in Fauteuil, die andere Stüehl uffe Tisch, statt um alli Bei umme go suuge, s Sprützkännli zentral deponiert – Mit em Lumpe obe abwüsche, linggs der Schluuch, mit em Fuess yschalte, suuge – rächts s Büechergstell abstaube, linggs – zägg – yschalte, suuge, wenn de zum Stogg kunnsch, ei Griff: Sprützkännli – giesse – Lumpe – yschalte – suuge, ablege, Möbelpolitur, Sprützkanne – alles ei Arbetsgang!
Wüsse Si, was si mir zur Antwort gäh het: Worum kasch du nit wie anderi au ufe Lindehof go Schach spile!
Lindehof! – lutter alti Chnulleri! – do gang y lieber go poschte. Gsehsch ebitz öppis – hübschi Meitli hets in däm Züri, weiss me gar nit wemme immer in der Bude hoggt …! Und nätti Verkäuferinne …! Si, die glai schwarz do bim Bianchi, oder die im Käslade obe – –

jä jetzt muess y aber, sunscht hets uffsmol keini Eierschwämmli meh – Und denn ebe no … *(sucht Zettel)* – au das Hüftglänk – me gspürt s Alter erscht wemme pensioniert isch –

… denn no Pfäffer, und – Huft heisst das, 2 H-Plätzli, Huft, logisch! – Au do hätt d Susann usgruefe, wenn y statt Huft Hals brocht hätt! Worum schrybsch denn d Sach nit richtig uff! –

Eierschwämmli, Huft, Sämf, Käs … Parmesan glaub …
und, wenn y scho under de Bööge bi: none Blüemli für d Susann –
si hets jo au nit lycht miteme Räntner dehai …!

1986 | **Opus 12**

Zyt für enand

Was mir bruuched, das isch
nöd immer meh Gnuss
nöd immer meh Luxus
und Überfluss,
Was mir bruuched
es lyt uf der Hand:

Zärtlichkeit
Zueneigig
Zyt für enand –

Eusi kostbarste Schetz
hänked nöd um de Hals
ligged nöd uf de Bank
und im Safe allefalls,
Die ligged, es tönt
zwar kitschig, und wie –
dänn Gfühl isch verpönt –
i eus ligged die!

Mir Steizytler mit de Pershing Zwei statt em Stei,
Mir Halbwältaffe wo d Computer löhnd schaffe,
Mir Schmatzteke mit em Monte Konsuma als Gott
händ verlehrt, was isch wertvoll und was gaht bankrott –

Die Wält rund um eus
isch nöd nur Konsum
isch so voller Wunder
mir achted si chuum –
Voll Bilder und Düft
und Töön – doch mir sind
in eusere Kunstwält
fürs Natürlichi blind –

Mir kopiered d Natur, imitiered genial
Die Wält mit ihre Wunder isch bloss Material,
Mir läbed synthetisch und effiziänt
Doch für das, wo s druf achunnt, gits keini Prozänt –

Was mir bruuched, das isch
nöd immer meh Schy
nöd immer meh HABEN
uf Chöschte vom SY
Was mir bruuched
es lyt uf der Hand:

Zärtlichkeit
Zueneigig
Zyt für enand –

Wänn mer d Zärtlichkeit usrotte wie d Suppeschildchrotte
Wänn mer d Zueneigig killed wie d Robbe und d Wal
Wänn mer d Gfühl nu no känned als Fernseh-Input
dänn sind eusi Chance verspilt und kabutt –

Drum: das was mir bruuched
isch nöd no meh Gnuss
nöd immer meh Luxus
und Überfluss,
Eusi Schetz ligged, s tönt
zwar kitschig, und wie
dänn Gfühl isch verpönt –
i eus ligged die –

Statt Misstraue
Stryt
Unverstand:

Zärtlichkeit
Zueneigig
Zyt für enand!

1986 | **Opus 12**

In Vitro

*Das männliche und das weibliche Wesen
unterhalten sich über Herkunft und Zukunft*

Sie   Woher chömed Si?
Er   Us der Soomebangg
Sie   Wer isch Ihre Vatter?
Er   Der Tiefküehlschrank
Sie   Ihri Muetter?
Er   En Eizälle mit Güete-Orde
Sie   Und ufgwachse sind Si
Er   In der Retorte!
Beide   So eifach gaht das, suuber und gschwind
    Me bruucht kein eigne Ma meh fürs Chind –
    Und so spannend! Vo morn a bysst eim – nei
    nöd de Storch – x-en unbekannte Heini is Bei!
    Wie schön wird das sy, wenn der Mensch, Frau und Ma
    ändlig fählerfrei erzügt wärde ka:

    Keini O-Bei meh
    keini Plattfüess meh
    keini X-Bei meh
    keini Spreizfüess meh –

    Hooggenase
    klassisch gnormt
    Bollenase
    griechisch gformt –

    Bohnestägge
    Unmusikalisch
    Märzeflägge
    Bruscht wo z schmal isch
    Oder es Muettermal
    am Nabel –
    Alles pränatal
    reparabel!

    Wirsch trotzdäm mit Sägelohre
    gebore,
    als Schilebinggis,
    mit rote Hoor
    oder sunscht unbegabt
    kasch di sälber umtusche
    denn het öppis mitem Verfalldatum
    vom Soome nit klappt –

Er	Aber bisch richtig ygfrore
	und im Tresor glageret
	bim SBV – Somebanggverein –
Sie	Und holt dich dänn
	de Tokter Storch
	als Ejakulat
	usem Samebancomat –
Er	Und kunnsch denn bi ihm
	in der Praxis
	– merci, das Puff –
	mit em richtige
Sie	Ei-ei-ei – wie das eim packt …!
Er	in nööchere Kontakt
Sie	da wirds der grad trümmlig
	im Überfluss
Er	Do bruuchts Elleböge
	dass de s Renne machsch,
	aber denn ischs der Gnuss!
Sie	das macht – hui! –
	das macht Spass …
Er	Und was do derby entstoht
	ja das
	isch unseri Zuekunft
Sie	isch die neui Zuekunft
	geplant nach Mass
Er	Isch der homo in vitro
Sie	De Mänsch usem Glas!

1986 | **Opus 12**

Die GENeration der Zukunft

Nicht stehn bleiben
Gehn!
Nicht stehn bleiben
Gehn!
Was vorwärts geht ist Fortschritt
denn das muss so
sein –
Nicht stehn bleiben
Gehn!
Nicht stehn bleiben
Gehn!
Der Fortschritt geht voraus
wir rennen hinten-
drein.

    Mit der Option
    der GEN-Manipulation
    gehn wir GENialen Zeiten
    entge-
    gen,
    Aussteigen: Ketzerei
    Sich re-gen bringt Se-gen
    ungeachtet dessen
    was das Ziel
    auch sei –

Nicht stehn bleiben
Gehn!
Nicht stehn bleiben
Gehn!
Wir können in die Zukunft
ohne Sorgen
sehn –
In diese Schöne Welt
wer kann das nicht verstehn
wird die programmierte GEN-
eration von mor-
gen
gehn!

Nicht stehn bleiben
Gehn!
Nicht stehn bleiben
Gehn!
Jetzt tritt die GEN-eration
der Zukunft
an!
Das Wesen nach
Mass
Der Mensch aus dem
Glas:
Das Resultat von Forscherhirn
und Grössen-
wahn.

    Mit der Option
    der GEN-Manipulation
    gehn wir GENialen Zeiten
    entge-
    gen,
    wohin man schaut, verdammt
    alles künstlich besamt –
    Jedermann und Frau
    wird zum Gesamt-
    kunstwerk –

Nicht stehn bleiben
Gehn!
Nicht stehn bleiben
Gehn!
Der Fortschrittsglaube ist ein
Halluzino-
GEN,
im Spiegelkabinett
der Forschereitelkeit
können wir uns schon als GEN-
eration von mor-
gen
sehn!

1986 | **Opus 12**

Der Überlebenskoffer

Der Überlebenskoffer
mit dem Plastic-Coat
schützt dich gegen Jod
wenigstens zur Not,
Eine Maske hats
mit Fichtennadelduft
und 10 Kubikmeter
frische Luft –

Der Überlebenskoffer
mit dem Strahlen-Set
der ist erst komplett
von A(KW) bis Z
wenn auch der Geigerzähler
drin nicht fehlt
der dir die heitern
Stunden zählt –

Und pro Kopf 2 Büchsen Hopfen
und 2 Büchsen Malz
Dann ist nichts verloren
Gott erhalts –
Etwas zum Entseuchen
Etwas zum Entsauern
Wenn uns Gott erhält
sind wir zu bedauern –

Der Überlebenskoffer
steht stets griffbereit
Seither kennen wir
keine Ängstlichkeit,
das Tschernobyl-Syndrom
Vorbei und Aus!
Hat jeder erst sein
Köfferchen im Haus.

Hat jeder erst sein Köfferchen im Haus, dann können wir getrost in die Tiefkühltruhe der Zukunft blicken, dann glühn die Birnen nicht aus, klappen die Bildschirme nicht zu, unser Wohlstand hängt vom Strom ab, und drum ist STROM AB! unrealistisch, defätistisch, wer A sagt muss auch KW sagen, wer eingestiegen ist muss drinbleiben, sonst ist er energielos – ein dunkles Los! Trauen wir also unseren Experten

alles zu ... GAU schau wem –

denn sie wissen was sie tun ...
und im schlimmsten Fall oder zweitschlimmsten Unfall – das Leben ist lebensgefährlich! – sind wir ja nicht allein, da haben wir alle daheim unsern kleinen Helfer
Sie erinnern sich ...?

Der Überlebenskoffer
löst das Kernproblem
Jede andre Lösung
ist nur unbequem,
Spürst du das Strontium
im Regentropf
Stülp einfach nur den
Koffer übern Kopf –

Ob so ein Koffer oder
Dislokation
Hilft zwar alles nichts
doch es beruhigt schon,
Auch Zivilschutzkeller
nützen keinen Deut
doch man hat sie
und das freut die Leut.

Und pro Kopf 2 Büchsen Hopfen
und 2 Büchsen Malz
Dann ist nichts verloren
Gott erhalts –
Etwas zum Entseuchen
Etwas zum Entsauern
Wenn uns Gott erhält
sind wir zu bedauern –

Den Überlebenskoffer
braucht man sicher nie
oder wenn schon, Sie
dann nur als Alibi –
Wenns bei uns im A-Werk klopft und brennt
sinds die Herzen von dem Management –
Wenn bei uns was blitzt, dann die Bilanz
unseres Elektritzitätsverbands –
Wenn bei uns was strahlt in voller Kraft
sinds die Augen der Atomwirtschaft –
Also Sie – nur keine Hysterie –
Bei uns passiert das ganz
wahrscheinlich nie …!

1986 | **Opus 12**

Ein zittriger Internet-Surfer
Surft nächtlich durch Städte und Dörfer
Und zu Damen-Verstecken,
Wenn die sich erschrecken,
Behauptet er als Surfer, das dörf er!

Da vermisste ein Herr in La Spezia
Eines Tags seine Gattin Lukretia
Plötzlich sah er sie wandern
Am Arm eines Andern
Und schrie ganz erfreut: Seht, da geht sie ja!

Da gab es zwei Mädchen in Meisterschwanden
Die nachts auf dem Estrich zwei Geister fanden –
Hier ist doch, so drohten
Sie, Spuken verboten
Wir beschwer'n uns beim Meister – Wie heisst der Mann denn…?

Da gab's einen Kleinen aus Peine
Der schwärmte von Frankfurt am Maine
In Frankfurt am Main
Aber schwärmt er vom Rhein
Und am Rhein von der Stadt an der Seine

Da meint ein Geschäftsmann aus Unterterzen:
Ich suche Vertreter in Wunderkerzen
Der Absatzmarkt stockt
Bloss im Sept. und im Okt.
Und ganz schlecht sind nur Mai, Juni und der Märzen

Limericks
zum Achten

Da trank der Herr Bahr aus Baar
Zuviel Marc in der Bar. Ich bin zwar
Lallt Bahr, ein Barbar
Doch zahlt – ist das klar? –
ein Barbar in der Bar in Baar bar!

Da gibt's einen Zahnarzt aus Wangenried
Der holt, wenn er dich im Stuhl bangen sieht
Das Gebiss seiner Frau
Und zeigt dir genau
Welchen Zahn er mit welcher der Zangen zieht

Da fragt eine Maid aus Intragna
Die Herrn immer erst, denn man kann ja
Nie wissen, ob Herrn
Die Intragna durchquern
Gern wollen – doch wenn ja, na dann ja!

Da gibt's einen Herrn, welcher dichtet
Dem ist die Literatur sehr verpflichtet
Weil er jegliches Wort
Das er dichtet, sofort
Und sobald es gedichtet, vernichtet…

Plakat   Christian Altorfer
Zeichnungen   Hanny Fries

Prolog:
Blick zurück nach vorn

Bei einem Blick zurück ins Imperfekt
Bei einem Blick zurück, was man da entdeckt:
Man hat Probleme gelöst, und dafür neue geweckt,
Das ist was man bei einem Blick zurück entdeckt.

Die Stadt ist nur noch Opfer vom Verkehrsmoloch,
Was einmal aufgerissen war, ist schon wieder Loch,
Was früher dreckig war, ist heute doppelt verdreckt –
Das ist was man bei einem Blick zurück entdeckt.

    Natürlich brachte uns der Fortschritt Neues, gar viel:
    Die Drogenpest, die Ölpest und auch Tschernobyl,
    Und immer wieder mal einen Atomwerk-Defekt –
    Das ist was man bei einem Blick zurück entdeckt.

Doch auch ein Blick nach vorn stimmt eher sorgenschwer,
In der dritten Welt wird noch mehr gehungert als bisher,
Wir ersaufen in der Milch, ersticken im Korn –
Ja das sieht man bei einem Blick zurück nach vorn.

    Längst kennt man die Gefahren, die die Luft bedrohn,
    Kennt die Produzenten und die Killer von Ozon,
    Man sieht seit 20 Jahren wie der Wald erkrankt
    Nur: die Freiheit der Mobilität bleibt sakrosankt.

    Bei einem Blick zurück erkennt man ohne Müh:
    Da leuchtet nicht nur schiere Nostalgie –
    Bei einem Blick zurück ist schnell die Suppe entdeckt,
    die, damals eingebrockt, uns heut im Halse steckt –

Ja gestern wie heute heisst das Grundrezept:
Probleme, unbequeme, werden weitergeschleppt –
Die Themen wechseln äusserlich, der Mensch, der Wicht,
verändert sich – innerlich – leider nicht.

Bei einem Blick zurück ins Imperfekt
ist es das, was uns erheitert
    erstaunt
    erschreckt –

1989/90 | Opus 13

Die Umweltkonferenz

So wie seit Jahren
jedes Jahr wieder
kamen auch heuer
100 Delegierte
aus 50 Ländern geistig nieder:

Spitzenpolitiker, Chefbeamte,
Wissenschafts- und Interessenvertreter
trafen sich beim Buffet, beim kalten,
zwecks Austausch von Gedanken
oder dem, was sie dafür halten –
im Zug neuster Trends
zur Umweltkonferenz.

Die Eröffnungsreden
der Ministerpräsidenten,
der Umweltminister
und Regierungsspitzen
wie auch die Gespräche, die informellen,
am Rande der Tagung bei leckeren Pizzen,
Sardellenbrötli und Aperitiv
waren informativ,
höchst angeregt
und – Prost Herr Minister! –
von Besorgnis geprägt.

Hauptziel der Konferenz, einmal mehr
war es, Gesetzgeber und Industrie
sowie die Menschheit im Allgemeinen ...
    Also immer die Industrie, ich bitte Sie!
... im Allgemeinen auf die Probleme ...
    Der Normalverbraucher ist gefragt!
... auf die Probleme bereits erfolgter
oder noch zu erwartender Umweltschädigung ...
    Immer die Industrie, ich bitte Sie!
    Von Regierungsseite kann ich nur sagen –
... Umweltschädigung aufmerksam zu machen.
    Die Behauptung steht auf sehr schwachen –
... Ist ja zum Lachen!
    Nein, zum Weinen!
    Beinen –
    Als Wissenschaftler muss ich diese –
Jedenfalls war man sich allgemein einig ...
    Also dazu gibts eine Gegenexpertise!

... allgemein einig, bei späten night cups und Schlummerdrinks
über den drohenden Dings – zum Wohl Herr Professor! –
eh ... Klimakollaps.

Nach einer flammenden Schlussansprache einer Regierungsvertreterin
und der präsidialen Grussadresse mit der Forderung, die Flamme weiterzutragen,
wurde beschlossen, das wichtige Ziel ...
    Sind Si s nächst mal au wider deby?
... unbeirrt weiterzuverfolgen, um mit neuen, computergesteuerten,
aktuellen Daten und Fakten und Katastrophenmodellen ...
    Herr Kollega, auf Wiedersehn!
... im kommenden Jahr ...
    Athen? Wär schön!
... im kommenden Jahr ...
    Warum nicht Kuweit?
... wiederzutagen ...
    Zu weit?
... um ebenso erfolgreich ...
    Hat mich gefreut!
... wie schon die Luft, das Wasser, den Wald auch die immer kostbarer werdende
Zeit totzuschlagen.
    Bis bald!

1989 | **Opus 13**

Tuubefüettere

Die muntere Alte, mit Schirm und Tasche, sie füttert die Tauben, setzt sich dazu aufs Bänkli

Chumm Bibibi –
Aha, wider die ganz Spatzefamilie!
Ja lueg au da, du bisch jetzt es herzigs Tüübli –
glychsch öpperem – aber wem …?
Hee, nöd alls für d Spatze!
Ja für dich häts au no vom Zmorgegipfel –

Mag eifach nümme sovill ässe wie früehner – de dritt Gipfel iss ich nu no halb, de Reschte chömed ihr über!
Es schööns Tüübli bisch du – blyb du da am See une, da häsch es guet.
Bi eus obe weisch nie, öb di nöd euse Huusmeischter ufs Chorn nimmt –

allpott hät dee s Huus ume Hals und fuchtlet mit sym Flobert zum Dachfeischter us …
Steht auf, fuchtelt mit dem Schirm
«Hee, gahts Ihne no – sofort höred Si uf Tuube schüüse, Si Wilderer!»

Ich zahle dem ja en Sündezins, grad hät er wider ufgschlage, nu wil er d Fassade neu hät stryche lah – i dem typische Schwizer Beige, e Farb, wo s überhaupt nöd git –

«Warum maled Si s nöd rosarot a, han em vorgschlage, dass alli e Freud händ wo das Huus gsehnd – oder gääl, wiene Sunne?»

«Mir sind doch da nöd bi de Wilde, hät er gmeint, Beige isch e neutrali Farb wo zu allem passt – aber Ihri Tuube da …»

«Was heisst d Tuube verschiissed Ihne die neu Fassade – no verschissener chan die gar nöd usgseh! Nämed Si Ihres Gwehrli wider yne, susch chum i mit em Schirm ufe!»

Nei Tüübli, muesch nöd verschrecke, nu wil de Hueber wott de Rambo spile – chumm Bibibi –

Tuube go schüüsse wil si d Fassade schliissed – dass ich nicht lache –
«Was d Fassade schliisst isch d Schwäfelsüüri, aber niemer chäm uf d Idee, wägedem mit em Karabiner uf d Autofahrer loszgah oder uf d Huusmeischter mit ihre dräckige Ölheizige!»

Ja Si sind guet, hät de Hueber gseit, söll ich öppe nüme heize?
Ihr Alte wäred die erschte wo afiengtet z jammere – und überhaupt:
Er chrampfi die ganz Wuche, damit mir Alte vo syne Stüüre läbe chönd und d Asylante die schönste Ferie händ –

Tuube, Türgge und Tamile, das seiged alles die glyche Vögel, die ghöred nöd dahere – und ich␣tät is glychi Horn stosse wie die Lingge, er heb mich scho gseh a de Anti-AKW-Demo, öb ich mich nöd schämmi, i mym Alter –

Heja, ich bin bi de Panther!

«Für das was Si da verzapfed, bruuchts aber e grossi Blächscheer!» han ich gseit, «Si sötted sich schämme, eso wüescht z rede über Tier und Mänsche, wo Si gar nöd kanned.»

Letschte Samschtig hämmer ebe gege de Atommüll demonstriert, nächste Samschtig göhmer gege d «GSoA» uf d Straass – «Gesellschaft Schweiz ohne Alte». Hänzi nöd gläse: En Teil vo d junge Generation schiebt jetzt den Alte alls i d Schueh – mir seiged a allem tschuld! Mir händ de Verchehr in Schwung bracht, de Abfallberg ufghüüfft, de Waffe- und Drogehandel agheizt – und jetzt, wo mer d AHV überchömed, haued mer elegant ab a d Costa Brava und hinterlöhnd die zuebetoniert und vergiftet Wält euse Chind und Enkel.

Isch natürli en fertige Blödsinn!

Wer fahrt jede sys eige Töffli oder Auto?
Eusi Chind und Enkel.
Und warum wandered e paar Räntner a d Costa Brava us?
Wil si deet mit ihrer bescheidene Ränte besser über d Rundi chömed als im tüürste Land vo de Wält. Drum!

Nenei, mir müend eus wehre!
Statt für d Armee-Abschaffig protestiered mir jetzt gege d Armee-Aschaffige!
Kei Panzer und Flugzüüg meh, bevor nöd die 60 000 fählende Pflägerinne und Pfläger usbildet sind für die 6000 fählende Alters- und Pflägplätz!

Gleiches Recht für Räntner und Büsi!
Altersheim wo kei Huustier erlaubt sind, werded bestreikt!

Jäso Si, da zeiged mer d Zäh, und wänns au die dritte sind! De Werbetraum vo de junge Schöne, vo de dynamische Youngsters isch uströumt – jetzt chömed d Oldies: mit Seniore-Uni, Ränter-Olympiade und Do-it-yourself-Lifting!

Chömed Si emal an euse Rock'n Rollstuehlabig! Oder in Fitnesskurs «Nach em Fango en Tango»! Oder zuem «Walzerschwänk mit em Sulzerglänk»! Das fahrt ächt y, säg ich Ihne!
Bald jede 5. Schwizer isch im Räntneralter – jäso Herr Hueber, das isch dänn e feufti Kolonne!

Si chönnted ja myn Sohn sy, vom Alter us – aber wänn Si s wäred, nähm ich Si a de Ohre! Wo han ich Ihre Namme gläse? Bi dere Gruppe, wo au euse Herr Dings deby isch… eh… Blocher –

Ihr wötted schynts am liebschte d Asylante kastriere und sterilisiere – das tönt ja wie vor 50 Jahr – Si sötted sich würkli schämme – Am liebste uf alls schüüsse was eusi schöön beige Fassade verdräcke chönnt – Si sind mir en schöne Hueber…! Geradezue en Schönhueber –
Leert Sack aus, geht langsam ab

So fertig luschtig – morn gits wider es Gipfeli –

Jetzt weiss ich, wäm du glychsch: em Fridestüübli! Blyb lieber da une am See, bi eus obe weisch nie – da hän ds Schiss vor jedem fremde Tuubeschiss…

Der Beantworter

Wie isch das no eifach gsi friehner…

Hesch epperem aglitte, isch är oder si
entweder do oder nit do gsi,
het niemerz s Telifon abgnoh dert
isch halt niemerz dert, oder si hänns nit gheert,
die alti Telifonregle, ganz knapp:
isch niemerz dert, nimmt au niemerz ab –
oder s isch abgstellt, damit me nit steert,
nähmt epper ab, wär au epper dert…
Logisch dänggsch – eso logisch wie d Hiehner
dängge, s isch nämmlig nimme wie friehner,
alles ins Geegetail und no schlimmer verkehrt:
Hitt isch nit numme mängisch,
    hitt isch immer ain dert –

«Ja das ist der telefonisch Beantworter vom Dr. Simonius, es ist im Moment
niemand in der Praxis, aber Si haben die Möglichkeit, nach dem Piepston
und so wyter und mir lüüted Ihne zrugg…»

s isch veruggt, und dä Drugg ufem Mage,
zum x-temol gheersch: nach em Piepston derfsch sage
was di druggt oder bloggt, und Name, Adrässe,
si lytte denn zrugg und hesch jo nyt vergässe – –
Nadyrlig hesch, wäge däre Guggummere
wo so komisch gschwätzt het, d Telifonnummere!!
Also nomol e call, und nomol der Bricht
und nomol die ganzi Läbensgschicht,
und das täglig au no an 10 andere Stelle –
waisch bald nimm wär d'bisch vor lutter s Glych verzelle,
denn kunnsch haim, und statt in Rueh ain z bloose
darfsch stundelang dy Beantworter ablose –

«Ja guete Tag Si händ mich offebar versuecht z erreiche, ich Si au,
chönnted Si mir morn wider… wänn ich nüd da sött sy, hinterlöhnd Si eifach –
jäso myni Nummere: Dr. Simonius…»

Ych halt das nimm us, dä Verkehr isch verkehrt
Y waiss hitt scho, s isch au morn niemerz dert, es isch gsteert,
Y ha scho s Zittere im Telifonhändli
vor lutter Schiss, jetzt schwätzt wider s Bändli;
d Ohre sin wund, d Synapse sin dure
vo däm ewige «nach em Pieps» miesse schnure –
zwischedry lytt y haim a, aber dert isch kai Bai,
my Beantworter sait mer, s syg niemerz dehai,
und so verzapf y aimol meh my Värs
und waiss, speeter loos ich mi ab, s isch pervärs –

«s Telifon isch laider nit bsetzt, aber Si hän d Megligkait …

    Loos heer uff, ych bis, wo isch denn d Maja –

… Ihre Namme und d Telifonnummere, denn wärde mir Ihne …

    gopfridstutz, ych lytt doch hai a –

Flueche nitzt iberhaupt nyt, es sin weder d Frau no der Herr …

    Du kennsch mi doch, ych – ych bis und ych blybs!

… und danggene fir Ihre Aruef. Pieps.»

    Bitte gärngscheh –
    stelle Si my Nummere ruehig
    wider emol y!

    Das isch nit Kommunikation, das isch Psychiatrie –

    Lache Si numme, solang Si no kenne
    Y gseh Si im Gaischt scho mit der Natel-Antenne –
    Ihne han y au scho aglitte, y bsinn mi genau,
    Si sin zwor nit do gsi, aber Ihri Frau
    het mer gsait, nach em Pieps derf y dryssig Sekunde – –

    Y ha si denn diräggt mit mym Beantworter verbunde.

    Nai Si, ohne mich
    ych loss es blybe
    ych lehr wider schrybe –

1989 | **Opus 13**

Zweitausendwärts

Kein Sträuben hilft
Pardon wird nicht gewährt
Das Raumschiff Erde fährt –
und niemand kehrt's
und hält es an
auf seiner Bahn
Zweitausendwärts –

Kein Zittern hilft
Dispens wird nicht erteilt,
Die Zeitmaschine eilt
und man erfährt's
als Zeitvertreib
am eignen Leib
Zweitausendwärts –

Da nützt kein Schrei
«Halt an,
ich bin nicht mehr dabei» –
Nützt keine Bitt
«Ich mach da nicht mehr mit» –
Nützt keine Flucht
und hilft kein harter Stoff
«Stop the world
I want to get off» –
frommer Wunsch
rauher Scherz
wir sausen
grausend
Hosen voller
Hasenherz
Zweitausendwärts!

Unaufhaltsam, ohne Bremse
über Moskwa, Rhein und Themse,
Amazonas, Tigris, Nil,
Cattenom und Tschernobyl –
Und mit ungebremster Stärke
über Berge, kleine, grosse:
Butterberge, Abfallberge,
Autohalden, Blechlawinen,
über Milchseen, uferlose,
über Landschaftszwischenräume,
Alpenwälder ohne Bäume,
über abgeholzte Regen-
wälder voller junger Rinder,
hochgemästet für den Westen,
Länder voller Hungerkinder
mit des Papstes fernem Segen –
Amen

Kein Amen hilft
und hilft auch kein Gebet,
für's stoppen ist's zu spät
klopft auch das Herz
wir fliegen blind
und schallgeschwind
Zweitausendwärts –

Dabei: genau
besehen macht
uns das
doch heimlich grossen Spass,
im Nervenkitzel-
Temporausch
voll Lust und Schmerz
Zweitausendwärts!

Und was uns dabei
an dieser Welt
und an diesem Text
am besten gefällt:
Überall wächst
trotz Raubbau und Kahlschlag
Überall wächst
trotz Vollbetonierung
Überall wächst
in Wirtschaft und Wertschrift
Schöpfkraft
Wehrkraft
Währungsrunden
Überall wächst
das Wachstum
und lässt alles gesunden –

die Mafia wächst
und die Drogenkartelle,
es wächst das Vergnügen
der Teufel in der Hölle –
Komisch zum Schreien
wie alles gedeiht
per Druck auf den Knopf:
Die Geldwäschereien,
die Waffenkonzerne,
Milliardenkonkurse,
und in kürzester Zeit
und schneller als alles andere
wächst
sich die Menschheit
über den Kopf.

Halt – Stop!
Sollte man nicht …
Nur eine Menschheits-
Denk-Sekunde
einhalten –
Halt –
Stop –
Wär kein Flop
wär ein schönes Ende
des Gedichts –
Nur
Kosten darf's nichts …!

Und drum:

Kein Sträuben hilft
Vernunft ist nicht
gefragt,
Das Raumschiff Erde jagt
und niemand kehrt's
und hält es an
auf seiner Bahn –
Zweitausendwärts

Kein Zittern hilft
wir wissen,
nur ein Stop
wär letzte Chance vor
Schallmauerdurchbruch
– Schwopp –
ins schwarze Loch –

und doch –

Geschichte lehrt's:
Wir lernen zwar,
doch nicht aus ihr,
drum weiter so
im Text,
freut Euch
dass alles wächst
und grösser wird
und mehr und mehr
und noch und noch,
Problem und Loch
und wächst und wächst
uns übern Kopf
und übers Herz
auf unserm Blindflug
Sssssss …

Zweitausendwärts.

1989 | **Opus 13**

Epilog:
Blick zurück nach vorn

Bei einem Blick rundum, auch ganz versteckt
Bei einem Blick rundum, was man da entdeckt:
Wir werden immer älter, haben Sie das schon gecheckt?
Das ist was man bei einem Blick rundum entdeckt.

Die einen werden etwas weiser, leider nicht viel
Die andern bleiben was sie waren: frühsenil,
Die meisten sind moralisch oder seelisch defekt,
Das ist was man bei einem Blick rundum entdeckt.

Ja die Alten werden älter, doch sie altern faltenlos
Im Spital da fragt man sich, wie wird man die Alten los –
Nein, wir wolln noch nicht abtreten, rufen die im Chor
Wie man weitergeht, macht uns unser Schrittmacher vor –

Heutig ist die Pharmazeutik, Herzkommerz, Glatzersatz
Und was schlafft wird gestrafft, und was rauscht umgetauscht
Vom Scheitel bis zum Nabel reparabel wie noch nie
Fühlen wir uns ganz passabel – und Sie?

Die Medizin hat uns zu neuem Leben erweckt
Das ist was man bei einem Blick zurück entdeckt
Bei einem Blick nach vorn sehn wir noch mehr Gewinn
Denn die GEN-Forschung bringt uns noch perfekter hin

   Was uns bei einem Blick zurück erschreckt:
   Die Menschheit hat sich kaum von der Stelle bewegt,
   und wer glaubt, dass der homo einmal sapiens wird
   Soll es glauben – wir glauben, er irrt ...

   Die einen werden etwas weiser, leider nicht viel
   Die andern bleiben was sie waren: frühsenil,
   die meisten meinen, Älterwerden sei schon ein Ziel

   Doch alle andern – und dazu gehören Sie

die blicken durch
die kommen draus
die sind im Bild
die sind OK
die werden alt
doch nicht senil
die haben alle ein Ziel

die wissen wie
und wissen wo
haben Herz und Niveau
Vergessen nie
beim Rückblick
die Rücksicht –

Das sind Sie
Bravo
Chapeau!

Bleiben Sie so
wie Sie sind!
Beziehungsweise so
wie wir Sie sehn –
Respektive so
wie wir uns immer wünschten
dass Sie wären – –

Dann werfen wir vergnügt die Flinte ins Korn
samt einem letzten Blick zurück
nach vorn!

1989/90 | **Opus 13**

Plakat   SCAPA

Prolog

S Alter lueggt zrugg,
d Jugend luegt füre.

D Zuekunft ghört der Jugend,
den Alte ghört d Vergangeheit.
Und die wird, im Alter,
immer lenger, und d Zuekunft immer änger –

Zuekunft,
e Wort voll Verlange gseit,
isch, kuum hesch es gseit,
scho Vergangeheit.

Mi befallt bim Begriff
Vergangeheit,
the past – le passé –
(lueg im Langescheidt),
immer e grossi Befangeheit!

Villicht het das z'tue
mit dem Zahn der Zeit,
wo ungfrogt,
au wenn jede klagt,
an allem gnagt.

Apropos Zahn:
Ob der Zahnarzt sy Zahnziehzange verleit,
ob e hübsches Girl e Zahnspange treit,
e kurze Rogg oder e lange treit
in der Prüefig reüssiert,
an der Turnstange verseit –
alles Problem, das isch richtig,
aber keins
s tuet mer leid
eso wichtig,
als dass es nit, bi Glägeheit,
durch den Zahn der Zeit
aagnapperet wird
und – grad no früsch
und scho alt –
in d Vergangeheit fallt.

Und au die paar Gedangge
vomene alte Kabarettist
zwüsche Hange und Bange,
eifach so
zum Afange gseit,
in d Luft yne gsetzt,
in Ruum yne gstellt,
sin in däm Momänt,
nämmlig
jetzt!
au scho wider
Vergangeheit!

2002 | **Frisch geliftet**

Dialog mit Lücken

Sie   *Ruft*
      Du Emil!
      eh – Egon – nei, Armin!
Er   *Kommt*
      Wäm rüefsch?
Sie   Dir – eh Erwin!
      Komisch – ich han doch immer es guets Namensgedächtnis gha.
Er   Han ich immer no. Ich weiss: Ich heiss Erwin.
      Der Dings do het das jo au verzellt… Ihm gohts schynts glych.
Sie   Wem?
Er   Wo mer letschti troffe hänn. Mer hänn doch so müesse lache,
      will ihm nümm in Sinn ko isch, wie dä Dings heisst –
Sie   Wer?
Er   Dä Fäldherr
Sie   Und? Wie heisst er?
Er   Hannibal.
Sie   Nei – also ja – aber ich mein, wie heisst er?
Er   Wär?
Sie   Wo mer troffe händ –
Er   Wenn?
Sie   Letschti Wuche!
Er   Wie dä heisst?
Sie   Ja.
Er   Dings –
Sie   Wer heisst Dings?
Er   Der Karl. Der Karl heisst Dings – eh – der Dings heisst Karl.
Sie   Was für en Karl?
Er   Der Karl Wissel.
Sie   Wänn hämmer dänn dee troffe?
Er   Jo – dasch scho lang här…
Sie   Ämel nöd letschti Wuche – wo mer anegfahre sind mit em Zug
Er   In Rom!
Sie   Wie chunnsch jetzt du uf Rom?
Er   «Anno sieben-fünf-drei kroch Rom aus dem Ei»
Sie   Das weisch jetzt wider! Aber letscht Wuche, wo mer mit em Dings
      anegfahre sind –
Er   Mit wäm?
Sie   Mit em Zug.
Er   Was?
Sie   Du vergissisch immer alles!
Er   «Feldspat, Quarz und Glimmer,
      das vergess ich nimmer!»

Sie   Das nüd, aber wie öpper heisst, das vergissisch immer!
Er   Das vergiss ich nie!
Sie   Also, wie heisst er?
Er   Wär? – Wenn i nit weiss wär, kann ich dir au nit sage, wien er heisst.
Sie   Dänn sägs doch vo irgend öpperem!
      Säg vo irgend öpperem wie n er heisst, dänn bin ich scho zfride.
Er   Ich heiss Erwin.
Sie   Egon!
Er   Nei, Erwin!
Sie   Nei, Egon! Egon heisst er!
Er   Wär?
Sie   Wo mer troffe händ, letscht Wuche – in Dings –
      wo mer mit em Zug anegfahre sind.
      Wo nümm gwüsst hät, wie de Hannibal heisst! Egon – oder?
Er   Das weiss doch ich nit!
      Das muess doch är sälber wüsse, wien er heisst.
      Ich ka mi doch nit drum kümmere, wie die andere heisse!
      Ich weiss wien ich heiss, ich heiss Armin, und zwor scho sit 75 Johr –
      nei Erwin – und das muess länge –
      Und der Karl heisst Karl und du heissisch … eh … Dings,
      und der Hannibal heisst Hannibal und het 202 im 2. Punische Krieg
      gege der Scipio Africanus verlore –
      Und der Egon heisst vo mir us Egon, aber das muess er sälber wüsse –
      immer das Theater mit de Nämme!
      Das muess jede mit sich sälber abmache, wien er heisst –
      d Hauptsach isch, ich weiss wien ich heiss, alles anderi isch mer glych!
Sie   Jetzt wird doch nöd immer grad veruckt, Emil!

2002 | **Frisch geliftet**

Sie Was macht au de Herr Zwicky? Dee hät doch es neus Hüftglänk.
Er   Zwei! Links und rächts.
Sie Ah ja, grad zwei? Und die laufed guet?
Er   Die sind magnetisch.
Sie Oha, das känn i. Das isch d 2000er Serie.
Er   Uf de Rollstäge hät er Schwirigkeite.
     Er muess Schueh mit dicke Gummisohle träge,
     suscht blybed em d Füess am Bode chläbe.
Sie Jä, sind die au magnetisch?
Er   He, das zieht vo de Hüfte durab bis i d Füess. Das git ein Magnetzug.
Sie Also myn Ma hät au eis künstlichs Glänk – da obe i der Schultere –
     aber Rollstäge fahre chan er guet.
Er   Mit de Schultere isch me ebe wyt ewägg vo de Stäge –
Sie Aber defür chasch im Warehuus nöd mit em i d Werchzüüg-Abteilig.
Er   Im Restorang Schnabel hät de Zwicky nümm chöne ufstah.
     De ganz Stuel isch mitchoh – en Metallstuehl – verstöhnd Si.
Sie Hät er mit em Stuehl hei müesse?
Er   Nenei, si händ en z zweit dänn useglupft.
Sie Wo mir bim Jelmoli use sind, hät d Kontroll-Aalag agfange piepse
     wie verruckt – es isch rächt pynlich gsi!
Er   Wägem Metallglänk?
Sie Nei, mer sind ebe durch d Werchzüüg-Abteilig gloffe –
     da häts PFFFT gmacht – und de Franz isch hine voller Negel gsi.
     Zwei Schruubezieher und es Zängli hät er au no mittreit.
Er   Das isch ebe die 2000er Serie – die hät en Konstruktionsfähler!
     Si händ e Rückruef-Aktion gstartet, si wänd alli zruggzieh –
Sie Das heisst ja nomal under s Mässer!
Er   Ebe, und das wött de Zwicky nöd –
Sie Ja, de Franz au nöd –
Er   Er git eifach acht, seit er, keini Rollstäge meh, keini Metallbänk zum
     ufs Tram warte – will wänns dänn äntli chunnt, kasch nöd ystyge –
Sie Kei Werchzüüg-Abteilig, kei Getränke-Abteilig – Dosebier! –
     Und au nüme goge schyfahre!
Er   Nüme schyfahre?
Sie Ja, schyfahre gieng ja no, aber de Schyliftbügel!
     Bi de Bergstation händs de Franz drüümal müesse vo de Transportrolle
     obenabe hole – mit de Rettigsflugwacht –
Er   Das choscht dänn! Händ si's de Versicherig agmäldet?
Sie Ja sicher! Au die ganz Werchzüügrächnig vom Jelmoli –
     Hoffentli zahled die dänn au –
Er   De Zwicky meint, das gäb e Sammelklag.
     De Ed Fagan syg scho underwägs i d Schwyz!

2002 | *Frisch geliftet*

Dialog mit Handy

Sie bedient ihr Handy, wartet.
Er erscheint, sucht sein piepsendes Handy, nimmt es ans Ohr.

- Er Hallo!
- Sie Ja, wo bisch dänn du?
- Er Ich bin da.
- Sie Was isch mit dym Fax los?
- Er Wieso?
- Sie Zerscht han ich dir gmailed wägem nächste Mäntig –
  aber das Mail isch irgendwie nöd use, drum hanis ustruckt
  und dir als Fax gschickt –
- Er Du häsch mir en Fax gschickt?
- Sie Heja, wägem Mäntig. Ich han dir gschribe, es giengi mir am nächste Mäntig
  nöd, ich bin ebe im Altersturne, und das isch nu am Mäntig,
  und da törf ich nöd fähle, will ich bi die Jüngsti und muess die Üebige
  immer vormache – aber du häsch nöd g'antwortet – warum nöd?
- Er Ich hetti scho g'antwortet, wänn ich de Fax übercho hett,
  aber de isch wahrschynli nöd duregange, will ich han en ebe abgstellt gha –
  und dänn seit de Fax ganz sälbständig,
  dass de Teilnämmer nöd antwortet.
- Sie Abgstellt? Wäge was?
- Er Wäge de Spitex.
- Sie De Fax?
- Er Also, wäge de Frau Hueber – die chunnt vo de Spitex.
  Aber s vorletscht Mal, wo si i de Stube am Abstaube gsi isch,
  isch en Fax ynecho, da isch si eso verschrocke, dass si grad hei isch.
- Sie Aber das isch doch blöd, wieso seit de nöd
  «De Fax isch abgstellt!»
  Hütt chönd die Grät doch alles – wieso cha dee nöd säge,
  wie's würkli isch?
- Er Das isch doch jetzt glych – jedefalls han ich dee Fax nöd überchoh.
- Sie Ich han s glychi ja vorher au gmailed, aber da häsch au nöd reagiert –
- Er Ja isch dänn das Mail use bi dir?
  Bi SENT muesch luege, öb's use isch!
- Sie Bi wem?
- Er Bi SENT – muesch eifach uf SENT trucke –
- Sie Also use sötts sy – aber nachdem du s ja nöd überchoh häsch,
  isch es villicht immer na drin –
  drum han ich sicherheitshalber alles ja au no gfaxed –
- Er Aber de Teilnämmer hät nöd chönne –
- Sie Wer isch überhaupt de Teilnämmer?
- Er He dänk ich! Aber ich han de Fax doch abgstellt gha –
- Sie Warum stellsch en du dänn ab?

Er   He, will d Frau Hueber … Dasch ja glych.
     Jedefalls han ich bis jetzt immer no kein Bscheid vo dir
     wägem nächste Mäntig!
Sie Ich bin im Altersturne, das han ich dir doch ustruckt –
Er   Chasch mer's namal faxe – sicherheitshalber?
     Ich stell en nachher wider a.
Sie Und de Teilnämmer – nimmt de jetzt teil?
Er   De muess doch, wänn ich en astell –
Sie Und wär isch dänn überhaupt de Teilnämmer?
Er   Ich, das han i doch gseit –
Sie Ah, nöd de Fax?
Er   Dee nimmt au teil – aber nu wänn er agstellt isch!
Sie Ebe –
Er   Ich gang en jetzt wider go astelle …
Sie Bald Zyt! Dee muess doch chönne schaffe – als Agstellte –
     Also Tschüss – ich gang dir jetzt goge faxe!

     Was miech mer au, wänn mer nüme chönnt telifoniere …!

2002 | **Frisch geliftet**

S Alter hät scho au syn eigene Reiz…

Sie S Alter sei es Chrüüz?
　　　Isch überhaupt nöd wahr –
　　　S Alter isch wunderbar!

　　　Wänn d jung bisch, isch s Läbe vill schwerer
　　　Muesch folge, muesch nett sy und brav
　　　I de Schuel bisch de Chnächt vo de Lehrer
　　　Und dihei de Familie-Sklav

　　　Häsch dänn dyni eige Familie,
　　　machsch das, was de Ma wott dihei
　　　Dänn machsch jahrelang das, was d Chind wänd
　　　Nu was du wottsch, interessiert e keis Bei

　　　Im Bruef säged anderi, wodure
　　　Du seisch: jawoll gern, vile Dank!
　　　Fahrsch wyter uf ygfahrne Spure
　　　Aber dänn chunnt äntli de Rank –

　　　De Rank is Alter
　　　Schwär fallt der
　　　dee nöd
　　　Dänn du merksch es
　　　Bereits:

　　　S Alter hät scho au
　　　Syn eigene Reiz!

Sie Jetzt lueg doch d Familie deet im Restorant a
　　　Zwei chlyni Chind – ich es Coci! – ich es Fanta!
　　　Si lööled umenand, tüend wie dihei
　　　Ränned em Fröllein, wo serviert, zwüsched d Bei
　　　D Eltere verzwyfled, s Personal isch K.O.
　　　Eis Tohuwabohu – Da bin ich doch froh
　　　Sitz ich nümm mit den eigene Chind i de Beiz –

　　　Ja s Alter hät scho au
　　　Syn eigene Reiz!

Er S ganz Portmonnee hani voll Kreditkarte do
aber weli isch die richtig zum Gäld useloh?
Ich füettere em Bancomat sämtligi Karte
Jedesmol isch der Code falsch – kasch lang drugge und warte –
Jetzt stand i in der Bank in ere Schlange, s isch veruggt
Und sott mi uswyse – jä wie denn, wenn dä alli Karte schluggt …?
E dääwäg verbring ich
halbi Däg vor em Schalter

   Nai – s Läbe wird
   Nit lychter mit em Alter!

Sie Ich bin i de Stadt, han ykauft für zwei
Truck mich is bumsvolli Tram und wott hei
Links und rächts Plastikseck, ha fascht kei Schnuuf
Da staht bigoscht en junge Ma für mich uf –
Ich bedank mich – rundume applaudiered d Lüüt
Chum Oma, seit er, mach keis Gschyss, es isch nüt
Ich mues sowieso use – tschüss allerseits!

   Ja s Alter hät scho au
   Syn eigene Reiz –

Er Ich sott uf e Bahnhof – Wo isch d Brille? – so gohts immer –
Ich seggle vom ainte ins andere Zimmer
Der Taxi wartet – ah do liggt si, d Brille
Jetzt fähle mer numme no d Bluetdrugg-Pille –
Irgendwie find i au die – d Zytt wird langsam knapp
Aber jetzt han i alles – nur der Taxi isch ab –
Und der Zug au! Sait der Ma
Am Billje-Schalter

   Nai – s Läbe wird
   Nit lychter mit em Alter!

Sie Im Alter häsch immer meh Müeh mit em Ghöre
Doch jetzt gits es Hörgrät, das tuet alles entstöre –
In Gsellschaft, wo alli durenandschwätzed, wird
Das Bla-bla-bla elektronisch entwirrt –
Chunnt en Plauderi, truck ich ein Kanal zue
Dee chan schwätze bis gnue, aber ich han ei Rueh …!
Am Fernseh wähl ich s Programm für die Alte
Mit dem chasch alli störende Grüüsch usschalte
Zum Bispil d Arena – da schlaf ich bereits …

   Ja s Alter hät scho au
   Syn eigene Reiz!

Er Mir Alte, mir zelle jo nimm in der Wält
    Was zellt, sinn die schnälle Erfölg, s schnälle Gäld
    Alles het Tämpo, muess effiziänt sy
    Die, wo nit mitkemme, gänn uff und ziehn d Schwänz y –
    Friehner han ich au derzue gheert, zue de Gschwinde –
    Hitt aber isch Raste agsait und nimm Rase
    E Viertelstund bruch ich ellai zum d Schuehbändel binde
    Und bim Bugge keit mer jedesmol d Brille ab der Nase –
    Y kumm mer als vor wie der billigst Unterhalter

    Nai – s Läbe wird
    Nit lychter mit em Alter!

Sie Han en Schuelschatz troffe – mir lueged eus a:
    Du bisch 60 Jahr elter worde sit da,
    säg ich zuenem. Er seit, das isch nöd wahr,
    wänn er mich alueg, syged s höchstens 20 Jahr…
    Er macht mir Avance, schickt Rose und Lilie
    Und verzellt vo synere Fazenda z Brasilie,
    Und dass er zrugg müess, doch für das bruch er schwarz
    Echly Gäld – keis Problem, da häsch mys Ersparts!
    Gang du scho vorus, ime Monet chum ich nah –

    Doch gescht i de News, da gsehn ich dee Ma
    De Derrick am Schirm seit, dee Typ hämmer – zägg –
    In flagranti verwütscht – aber s Gäld syg ewägg.
    Er bsuech alli Schuelschätz, ich sei die 7. bereits –

    Ja s Alter hät scho au syn eigene Reiz!

Er E ney Fäld beackere d Literaturveranstalter:
    Es git plötzlig massehaft Biecher iber s Alter:
    «Unterwegs im Alter» – «Komplex im Alter»
    Und wie goht aigentlig «Sex im Alter»?
    Wie ne Halbschlaue wirsch iber alles belehrt,
    Was d e Läbe lang gmacht hesch, isch alles verkehrt –
    Au de Roger het dä ney Trend entdeckt:
    Wie wirsch 100 mit em Schawinsky sym EGO-Projekt
    Jetzt söttsch en au no läse, dä Psalter…

    Nai – s Läbe wird
    Nit lychter mit em Alter!

Sie   S Alter sei es Chrüüz?
       Isch überhaupt nöd wahr –
       S Alter isch wunderbar!

       Zum Glück fallt der
       De Rank is Alter
       Nöd schwer.
       Dee chunnt
       Mit oder ohni Arthrose
       Ganz von ellei

Er   Muesch nyt derzue tue
       als aimol im Johr
       d Geburtstagskerzli usbloose –

Sie   Vom Sächzigste a merksch es bereits:
       S Alter hät scho au
       Syn eigene Reiz

Er   Mit 100 allerdings, mit 100 fallt der
       uff, wenn d nimm so ufem Sprung bisch:

       Nai, s Läbe wird
       Nit lychter mit em Alter.

Sie   Also gnüüss es, solang du no jung bisch!

2002 | **Frisch geliftet**

Evolution

Er   Im Alter hesch sältsami Gedangge –
Gedangge, wo de als jung nit gha hesch:

Wohär kunnsch – wo ane gohsch – was hesch bewirggt in dym Läbe?

Vor X-Millione Johr het unseri Existänz agfange, unseri Evolution, wo jo wohrschynts nonig z Änd isch – hoffentlig –

Wenn me luegt, wie der Mensch mit synere Wält, mit syne Mitmensche umgoht, zwyflet me dra, dass mir en Ändprodukt sy sölle. E Prototyp vilicht, rein funktionell nit schlächt gmacht, aber usgrüschtet mit ere no sehr labile Moral, mit Wärtvorstellige ohni einheitligi Norm, mit eme Gwisse usgstattet, wo kai feschti Grössi isch, sondern sich manipuliere, beruehige und zumene bequäme Küssi – Ruheküssi – klopfe losst.

Vor X-Millione Johr het unseri Evolution agfange,
X-tausig Generatione sin unseri Vorfahre –

Was isch 1 Menscheläbe in däne Relatione
PFFFT
und verby!

Und doch:
Öppis Wundervolls –

Wenn de s Glück hesch elter z wärde, kasch es none zweits Mol erläbe, das Wunder vom Läbe: nach de eigene Kinder zeige dir d Enkel, was Läbe isch –

Es isch wunderbar z gseh – vyl bewusster z gseh – wie der Geist sich entwigglet, wie Fantasie der Geist berycheret, wiene Gedanggegebäude entstoht –

In däm Zuestand het dä Prototyp «Mensch» no alli Vorussetzige zumene gültige Ändprodukt –

Es isch spannend elter z wärde und s Neue, s Junge, wachse z gseh.

2002 | *Frisch geliftet*

Märlifee

Sie   Wänn mer zruggtänkt,
und das tuet mer im Alter gern und als wie meh,
a die schönste Momänt im Läbe,
und sich träumt, e Märlifee chäm plötzli,
wo seit: Du häsch ein Wunsch vergäbe!
Was wettsch nomal erläbe?

Ja, da chäm eim no mängs in Sinn,
liebi Fee –

Vill hät sich glöscht
im Lauf vo de Jahre
isch dur d Masche gfalle
isch unwichtig worde.

Aber eis Erläbnis
das isch nöd z lösche
i mym Erinnerigsschatz:

D Geburt vo mym erste Chind.
Das heisst: Nöd unbedingt d Geburt,
sondern dee Momänt,
won ich heichum usem Spital,
das chlyni Bündeli im Arm –
Es Bündeli, wo schnuuft,
es Hämpfeli Läbe,
mit Sorgfalt und Vorsicht heitreit,
is lang vorbereiteti Bettli gleit,
es Mänschli, es neus,
wo zu eus ghört, zu mir –

Und immer wider znacht
goge luege und lose
wie s schnuuft, wie s läbt –
Das nomal z erläbe,
liebi Fee,
wänn du wider chunnsch

Das nomal z erläbe
wär myn Wunsch!

2002 | **Frisch geliftet**

Lück und Zech

Kennen Sie
die Familie Lück,
denen – nomen est omen – das Glück
immer wieder hold ist?

Nein?

Dann kennen Sie vielleicht
Die Familie Zech.
Die haben immer nur eins –
Richtig –
Pech!

Doch
die Lücks
sind echte Glücks-
Pilze:
Vater Otto
machte im Lotto
einen Sechser –
Mutter Lück
gewann im Fernseh-Quiz
dank der brillant beantworteten Frage
«Hat ein Schaltjahr
200, 366, oder 500 Tage?»
eine Weltreise für zwei –
Und Tommy, der Junior,
hatte das grosse Glück,
dass er – sonst angepasst und brav –
nur eine Schaufensterscheibe traf,
als er an der Demo vom 1. Mai
einen Pflasterstein
Richtung Polizei
schmiss –

Bis zur Verwarnung
dauert es gewiss
ein gutes Stück Zeit –
Woraus man sieht:
Bei der Familie Lück
ist das Glück
immer bereit!

Wohingegen bei Zechs...

Ja, wir können ruhig über die Familie Zech sprechen,
denn sie ist heut nicht da,
obwohl sie da sein wollte –

Aber sei es, dass
Vater Zech in der Eile
auf seine Theaterbrille sass –

Sei es, dass der Mutter
im letzten Augenblick
das neue Kleid,
chick,
mit Schmiss,
im Rücken riss –

Vielleicht auch, weil sich Peter Zech
vom Warten schon schwach,
beim Nasenbohren
den Zeigfinger brach –

Möglicherweise war es auch so,
dass Happy, der Hund,
aus Spass
die Theaterkarten frass –

Möglich ist alles bei Familie Zech,
denn was immer ihnen fehlt,
eins haben sie:
Pech!

    Da wollte die Familie fröhlich in die Ferien fahren,
    voller Ferienfieber fiebern alle Fasern.
    Bestellt war das Hotel,
    die Läden zu,
    die Koffern voll,
    da kriegte Peter Zech
    die Masern.

    So ein Pech, riefen alle,
    kann man sich da nicht beschweren?
    Zu solchem Pech bestand doch gar kein Grund!
    Warum muss das ausgerechnet uns passieren, riefen bitter
    Vater, Mutter, Peter Zech und Happy, der Hund.

Und genau zu dieser Zeit,
wo Zechs sich nicht in dem Hotel befanden,
ist das Doppelbett,
wo Vater Zech mit Mutter geschlafen hätt,
mitten in der Nacht
zusammengekracht.
Wobei die Nutzniesser und Nachfolger Zechs,
ein Onkel mit der Tante
insgesamt 7 Knochen,
13 Muskeln,
1 Nachttischlampe und 2 Nasen
gezerrt,
gequetscht
oder gebrochen –

Auch erlitt die Tante dank der ganzen Chose
eine lebenslängliche Bettenneurose –

Zu Hause aber sass die Familie Zech
und beschwerte sich
bitterlich
über ihr Pech.

    Zwecks Lohnerhöhung lud man den Direktor Bauer ein
    zu einer sauren Ente à la Chinoise.
    Man plaudert sehr vergnügt
    noch vor dem Essen,
    währenddessen
    Happy, das Hundevieh
    den Vogel frass.

    Statt der Ente war nun Bauer
    für den ganzen Abend sauer.
    Zur Lohnerhöhung sah er keinen Grund.
    Warum muss das ausgerechnet uns passieren, riefen bitter
    Vater, Mutter, Peter Zech und Happy, der Hund.

Hätte allerdings Happy, der Unglückshund,
die chinesische Ente nicht verspiesen,
hätte vielmehr der Gast, der illustre,
Frau Zech samt ihrer Ente gepriesen,
hätt sich auch bald
dem Thema «Gehalt»
von bester Laune getrieben, verschrieben –
dann wär ihm
zwischen Schwatzen und Schmatzen
das chinesische Wadenbein
mit einem Schnalz
quer im Hals
steckengeblieben.

Welch peinlichste Folgen, wenn der hohe Gast
bei Zechs auf chinesisch die Harfe fasst!

Zu Hause aber sass die Familie Zech
und beschwerte sich
bitterlich
über ihr Pech.

> Eines Tages fuhren Zechs mit ihrem Wagen über Land,
> wobei Herr Zech nicht schlechter fuhr als alle andern.
> Plötzlich stockte der Motor,
> der Wagen stank,
> tat keinen Wank,
> und die Familie
> musste wandern.
>
> So ein Pech, riefen alle,
> kann man sich da nicht beschweren?
> Zu solchem Pech bestand doch gar kein Grund!
> Warum muss das ausgerechnet uns passieren, riefen bitter
> Vater, Mutter, Peter Zech und Happy, der Hund.

Im selben Moment jedoch,
wo die Familie Zech,
wäre sie weitergefahren ohne Panne,
die Stelle mit der grossen Tanne
erreicht hätte,
wäre ihnen der Lastenzug entgegengekommen.
Erst verschwommen,
dann plötzlich
entsetzlich genau,
hätten Zechs dann den Wagen erblickt,
der völlig verrückt
überholte
und, noch schlimmer,
direkt auf sie zu pfeilte –

Und dann hätten alle die Augen zugedrückt,
wahrscheinlich für immer –

Stattdessen aber wandert die Familie Zech
zurück zur Garage in der Stadt,
und beschwert sich bitterlich über ihr Pech,
und weiss nicht wieviel Glück sie hat!

2002 | **Frisch geliftet**

Schlummerwhisky

Sie und er, mit supponierten Gästen. Man schenkt ein und trinkt.

Sie Ja, mer händ gseit, mir leisted eus öppis ganz Speziells,
gäll Herbert, mer isch ja nur eimal alt!
Er Öppis ganz Speziells, jawoll! Öppis, wo nöd jede hät –
s Grundstück hämmer scho zweimal besichtiget –
en schöne Platz –
Sie Aber dee Baum muess ewägg!
Er Das gaht nöd eso eifach, das ha der doch scho gseit.
Da gits e Baumschutz-Verordnig,
da cha mer nöd eifach goge Bäum abhaue.
Sie Dee Baum wott ich nöd uf eusem Grundstück, dee wird abghaue!
Er Dänn muesch en heimlich abhaue lah – git natürli e saftigi Buess –
Sie Ja das wämmer dänn na luege.
Mir zahled kei Buesse meh – in eusem Alter.
Er E Fichte isch es glaub – oder e Föhre. Du, was isch es?
Sie Öppis mit Zäpfe, und das wott ich nöd!
Die ganz Zyt Zäpfe, wo dir uf de Chopf gheied –
Er Aber en schöne Platz, au ohni Baum.
Sie E wunderbari Ussicht!
Er Gsehsch de See, wänn de di echly strecksch.
Sie Dich wett ich gseh, wie du dich deet obe echly strecksch!
Ja, s isch i de Hööchi, am Waldrand obe.
Er S chömed eus doch au Lüüt choge bsueche, die chönd sich scho strecke!
Sie Ich weiss nöd, öb da öpper chunnt – da muesch tüchtig styge!
Er De Kurt jedefalls mag nöd deet ufe, mit synere Herzchlappe,
aber d Elisabeth – die hät ja tifigi Bei!
Sie D Elisabeth? Die bruucht mich nöd z bsueche – und dich au nöd –
die isch ja nu nydig, will ich dich ihre ewägggschnappt han –
Er Es sind halt alli echly nydig:
Esonen Platz hät ebe niemerz suscht.
Sie Drum isch es ja au nöd grad billig, was mir eus da leischted –
aber mir händ es Läbe lang defür gspart.
Und de Herbert wett ebe – säg was du wettsch!
Er Ja ich wett – eimal – z oberst sy und uf alli andere abeluege!
Sie Zerscht hämmir an e Wältreis tänkt – wär natürli au öppis schöns –
China, Japan, Seychelle –
und vo überal schicked mir Charte hei mit herzliche Grüess –
Er Das würd die dänn ärgere!
Sie Aber nach e paar Wuche bisch wider dihei – und was machsch dänn?
Er Häsch d Zyt z'totgschlage, aber was häsch dervo?
Sie Das, was mir da händ, das hämmer, das blybt,
das isch en Investition für lang, gäll Herbert.

Er Eigetli für ewig – sones Doppelgrab,
Sie mit euse Näme druff, zoberst im Waldfridhof,
Er mit Blick uf de See und über alli andere, wo unedra ligged!
    Sie stossen an
Sie Deet unedra chönds ja au dee Baum wider anepflanze.
    Dene gönn ich die Zäpfe uf de Chöpf!

2002 | **Frisch geliftet**

Eimericks

Er tippt am Computer: Com = der Apparat schaltet sich ein und spricht

Er Computer verfüege tatsächlig über e dichterisch Potential.
Uf mym Computer installiert isch nit numme i-Tunes,
i-Photo und Schingge mit Ei, sondern au e neuartig Dicht- und
Rymprogramm, won ich entwigglet ha, s neue i-Merick.

Ich gib e Begriff y – en Orts- oder Stadtnamme. z. B. «Stammheim»
und är suecht s Rymwort druff: «Per Tram heim».
Oder «Schüpfheim» – Är findet «Ich hüpf heim».

S Programm i-Merick isch für alli die dänggt, wo sich bis jetzt amateurhaft
an der komplizierte Värsform vom Limerick vergriffe hänn und wo
plötzlig nümm drus kömme – was rymt uf was – weli Zyle uf weli …

Tippt ein

Da gab's eine Dame in Stammheim,
die sagte, ich fahre per Tram heim.
Eine andre in Schüpfheim,
die sagte, ich hüpf heim –
Com Dafür komm ich nass wie ein Schwamm heim!

Er Für die letscht Buechusgoob han ich zum erstemol Limericks
in Laptop tippt, do het er agfange mitmache –
der Mann des Jahres –
Com Da verzehrte ein Herr in Benares …
Er Er het agfange mitdichte –
Com Einen Teil seines Mobiliares
Er isch mer dauernd ins Wort gfalle
Com Im Traum zwar, bei Nacht,
doch als er erwacht,
da war an dem Traum viel Wahres!

Er Vorlutt und vorwitzig het er eigeni Vorschleeg usdruggt –
usgsproche blödi –
Com Da gab's einen Herrn in Mitlödi –
Er Mitlödi!! Loss mi bitte myni Limericks sälber mache!
Ich ha das bis jetzt für alli Stelle –
Com Walliselle
Er Es isch nit möglig! Der Rym-Impuls –
Com In Schuls
Er Nei, blyb nur in Walliselle, und nimms –
Com In Flims
Er Weisch, es isch öppis usgsproche Dumms –
Com In Flums

Er	Immer s letscht Wort! Jä guet, bitte!
	Wenigstens bringt är in das Gebiet öppis Neus:
Com	Da gits en Kunstfreak in Zerneus –
Er	Är dichtet au schwyzerdütschi Limericks!
Com	Dee chauft en Schwarte vom Beuys
	Voll Öl und voll Filz,
	sy Frau aber wills
	nüd ufhänke – si findets scheuss!
Er	Fascht guet. Besser wär…
Com	Si findet's en Scheiss!
Er	Exgüsi! Er isch nonig stuberein.
	Also, do no zwei, drei vo myne,
Com	Pontresina
Er	denn dörfsch du di gly mälde.
Com	Rhyfälde
Er	Jo, du gwünnsch es! Är gwinnt's.
Com	Binz
Er	Was?
Com	Der Herr Winzer aus Binz!
Er	Was isch mit däm?
Com	Da rief der Herr Winzer aus Binz: Schätzli
	Bisch agstriche wien es Provinzchätzli
	Spar Rouge und Lipsticks
	Es nützt sowieso nix
	Defür langt's wider emal für es Rindsplätzli
Er	Guet – aber jetzt dörf ich:
	Da gab's einen älteren Briger
	Der lebt nur von Knoblauch und Ziger
	Tat der ohne Filter
	Den Mund auf, dann killt er
	Selbst kräftigste Löwen und Tiger
	Da gab's einen andern am Spöl
	Der lebt nur von Chabis und Chöhl
	Jetzt ersetzte er zwar
	Den Chöhl durch Kaviar
Com	Denn er fand auf dem Land am Spöl Öl
Er	Da gab's den Herrn Amrein –
Com	Darf ich nomol? No ein allein?
Er	Bitte!
Com	Da gab's den Herrn Amrein aus Stein am Rhein
	Der fischte tagaus und tagein am Rhein

Com	Er fischt immer weiter
	Dabei hat doch leider
	In Stein am Rhein
Er	Kein Amrein Schwein am Rhein!

Da gab's einen Doktor aus Biberist
Der schrieb, er sei dort, wo der Tiber ist.
Eine schöne Zeit hab er
Com Dass ihm Biberist aber
Wenn in Biberist Fieber ist, lieber ist.

Er Die Geister, die ich rief...
Do kasch lang sage «In die Ecke, Besen»
Wenn sich d Technik sälbständig macht, denn Guet Nacht!
Der alti Goethe het sich mit fuule Öpfel in die richtig Dichter-
Stimmig versetzt, hütt verhilft dir en Apple derzue.
Und wenn dir d Technik über der Öpfel waggst,
denn dichtet är:

Da zeigte uns kürzlich in Arth
Die uralte Jumpfere Barth
In einer Schachtel voll Heu
Acht Männer – ganz neu
Die hatte sie alle gespart.

Drei Renterinnen aus Schwetzingen
Die machten frühmorgens ein Wettsingen
Um 17 Uhr knapp
Macht die Zweitletzte schlapp
Doch die Letzte hört man noch im Bett singen.

Da gab's einen Alten in Malters
Der sammelt für die Hilfe des Alters
Er sammle zehn Wochen
Fast ununterbrochen
So sagte er, und dann behalt er's.

Ein zittriger Internet-Surfer
Surft nächtlich durch Städte und Dörfer
Und zu Damen-Verstecken,
Wenn die sich erschrecken,
Behauptet er als Surfer, das dörf er.

2002 | **Frisch geliftet**

Epilog

Er   Man wird alt
Und man wird älter
Davor ist kein Mensch gefeit
Und die Füsse werden kälter
Emsig nagt der Zahn der Zeit.
Ich weiss jo nid wie s Ihne goht, wenn Si in Spiegel luege –
Mir goohts eso, dass ich jedesmol wider mit Stuune feststell:
Eigentlig wird me nit schöner im Alter!

Sie   Also du gfallsch mer besser sit du... eh...
interessanter...maskuliner...

Er   Hoorusfall formt ebe en intellektuelli Stirne –

Sie   Keis Babyface meh. Es Gsicht wiene Landschaft – vor de Planierig!

Er   Bsunders reizvoll find y die Wandlig vom zerbrächlich Fyne
zum Barock-Feminine –
Y weiss nit, wie s Ihne goht, bim Bligg in Spiegel –
my Partnerin jedefalls findet – und saits:

Sie   S Alter hät scho au
Syn eigene Reiz!

Er   Ich bi zwor nit däre Mainig, nai:
S Alter isch nit s Gääle vom Ei.

Sie   D Auge wärde faltig
Dr Hals plissiert
Es isch ganz gewaltig
Wie me d Form verliert!

Er   D Zeeche wärde krumm
D Finger gichtig
Altwärde isch dumm
Jungblybe isch richtig!

Sie   Aber de Juged nahränne wie vergiftet
das bringts au nüd – da chunnsch nüme nah –
Also wänn scho «frisch geliftet»
dänn nüd nur da, sondern au da!

Er   Alt sy
me gwöhnt sich dra
zimmlig gly:

Sie   Alli wänd s werde
aber niemert möchts sy.

Er Wärfe Si also bi Glägeheit,
    wenn Si wider dehaim sinn,
    nur so us Verlägeheit,
    au none Bligg in Spiegel
    und dängge Si dra:
    Ob Jugendfrüschi
    oder Alterszorn,

Sie hütt bisch jedefalls immer no jünger als morn!

2002 | **Frisch geliftet**

S isch nämmli au schön, das Läbe

Für meine Enkel

s Läbe isch nöd liecht
isch en Chrampf
isch en Stress
isch es Ufe
und Abe
wiene Achtibahnfahrt

s Läbe isch hart
jede schimpft über s Läbe
isch unzfride demit
jede fluecht über
de dauerndi Stress
die Müehsal
die Plag
die Qual –
und vergisst
vor luter Schimpfe über s Läbe
s Läbe sälber

s isch nämmli au schön, das Läbe
öb d gross oder chly bisch
es büütet sovill, das Läbe
wo d nu eimal, es einzigsmal deby bisch –

gnüüsse sött mer's, wänn s immer gaht
uschoschte sött mer's vo früeh bis spat –
wänn s nu au gerächter wär, das Läbe
nöd Unfride deet und Unverstand da
wänn s besser statt schlächter wär, das Läbe
damit mer kei Angscht meh müesst ha –

Ych hoff, d Hoffnig sei nöd vergäbe
dass au d Chind vo euse Chind
i dem churze, dem einzige Läbe
wyter voll Hoffnig sind…

2004

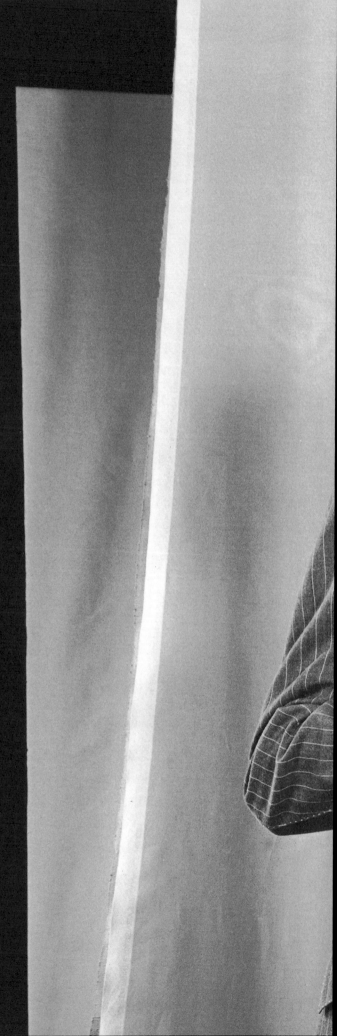

Zur Sprache

Liebe Leserin, lieber Leser,

Cabaret-Texte werden gesprochen, gesungen, rezitiert.

In der Deutschschweiz ist die offizielle Schriftsprache das Hochdeutsch, das bei uns in der Schule gelehrt und gelernt wird. In Vaterlandsreden wie in Börsenberichten, im grossen Theater wie in kantonalen oder nationalen Verlautbarungen befleissigen wir uns dieser Hochsprache, die Muttersprache allerdings ist das nicht. Die tönt züritüütsch (wie das Läubli) oder baseldytsch (wie der Keiser), tönt im Bernbiet anders als in St. Gallen – und das schriftlich festzuhalten ist nicht ganz einfach –

Also Obacht: In diesem Textebuch lesen Sie neben Hochdeutsch auch Keisers Baseldytsch, Läublis Züritüütsch, an einigen Stellen spricht das Züri-Läubli aber auch Dalbaneesisch (das sprechen die alteingesessenen Basler, die vom «Daig»), und der Basler Partner parliert neben seinem angestammten Grossbasler Rhysprung – bzw. Kleinbasler Rhygass-Idiom auch breitesten Limmatslang – nun, es tönt komplizierter als es ist – wir sind sicher, Sie werden uns zwei trotzdem verstehn!

Neben den 101 Cabaret-Texten lesen Sie in diesem Buch auch Keisers gesammelte Limericks, insgesamt 104 dieser Fünfzeiler. Der Limerick ist eine britische Vers-Form mit Tradition. Seine Anatomie ist einfach: die erste, zweite und letzte Zeile sind dreihebig und auf den gleichen Reim; die dritte und vierte miteinander gereimt und um einen Fuss kürzer als die andern. «Ab und zu versucht ein von allen guten Geistern verlassener Experimentator», so schreibt der Dichter Louis Untermeyer, der eine Limerick-Anthologie herausgegeben hat, «den Limerick zu erweitern, beispielsweise durch Hinzufügen einer sechsten Zeile oder andere Rhythmus- und Formveränderungen. Aber jede Änderung zerstört den Charakter des Limerick. Für den wahren Kenner kann es einen sechszeiligen Limerick ebensowenig geben wie ein 15zeiliges Sonett.»

Dank

Das Erscheinen von 101 Texten aus 40 Cabaret-Jahren wäre ohne Hilfe von verschiedenen Seiten nicht möglich gewesen.

Der erste Dank geht an die Vontobel-Stiftung. Sie hat die Realisation dieses auch drucktechnisch aufwendigen Werks von Anfang an begleitet und überhaupt ermöglicht. Den Damen und Herren des Stiftungsrates sowie Herrn Prof. Dr. E. Kilgus bin ich zu grossem Dank verpflichtet.

Ich danke meiner persönlichen Muse Margrit Läubli. Das Aufarbeiten des gesammelten Materials hätte ich ohne ihr liebevolles und nie erlahmendes Engagement nicht bewältigt. Sie hat die Texte mit viel Lachen, Vergnügen und Heiterkeit geordnet.

Fruchtbare Impulse vermittelten ferner der Literaturhistoriker Dr. Charles Linsmayer sowie die Söhne und Theater-Mitarbeiter Mathis und Lorenz Keiser. Katarina Lang vom Atelier Mühlberg in Basel schuf das künstlerische Buch-Konzept, ihnen allen gilt mein grosser und herzlicher Dank.

Und last but not least: Ein Dank an alle die vielen Fotografen, die uns ein Leben lang auf Tausenden von Negativen so positiv festgehalten haben. Eine Liste der Fotografen steht im Anhang.

Bildnachweis

Die Fotografen dieses Buchs

Christian Altorfer	169, 187, 210, 236, 248, 251, 261, 264, 271, 274, 277, 289
Jost Camenzind	40
Mathis Keiser	290
Fernand Rausser	134, Schutzumschlag hinten
Helen Sager	128
Niklaus Stauss	230, 247
Josef Stücker	216
Marianne Wohlleb	200
Michael Wolgensinger	2, 12, 14, 17, 24, 33, 35, 36, 42, 44, 47, 49, 57, 60, 66, 68, 82, 90, 92, 97, 102, 109, 111, 113, 116, 118, 123, 130, 136, 141, 149, 150, 164, 167, 171, 172, 178, 191, 195, 209, 212, 222, 225, 234, 298, Schutzumschlag vorne
Leonard Zubler	78, 104, 160, 202, 226, 241, 252